D1117610

as beginning to
its ugly head
p in tranquility
myself get in
my head

could neve
in this
myself in
forged anxie
wonder if
or knows

no sophistry
unturned
rhetoric be
more in
ver large
disguise
very
mmon sense

el diario de la princesa

Date: 10/22/18

SP BIO FISHER
Fisher, Carrie,
El diario de la princesa /

PALM BEACH COUNTY
LIBRARY SYSTEM
3650 SUMMIT BLVD.
WEST PALM BEACH, FL 33406

el diario
de la
princesa

carrie fisher

Barcelona • Madrid • Bogotá • Buenos Aires • Caracas • México D.F. • Miami • Montevideo • Santiago de Chile

Título original: *The Princess Diarist*
Traducción: Irene Saslavsky
1.ª edición: abril, 2017

© 2016 by Deliquesce,Inc.
© Ediciones B, S. A., 2017
    Consell de Cent, 425-427 - 08009 Barcelona (España)
    www.edicionesb.com

Printed in Spain
ISBN: 978-84-666-6173-7
DL B 4531-2017

Impreso por QP PRINT

Todos los derechos reservados. Bajo las sanciones establecidas
en el ordenamiento jurídico, queda rigurosamente prohibida,
sin autorización escrita de los titulares del *copyright*, la reproducción
total o parcial de esta obra por cualquier medio o procedimiento,
comprendidos la reprografía y el tratamiento informático, así como
la distribución de ejemplares mediante alquiler o préstamo públicos.

PARA

George Lucas

Harrison Ford

Mark Hamill

Irvin Kershner

J. J. Abrams

Rian Johnson

el diario de la princesa

Corría el año 1976...

Se estrenaban en televisión las series *Los Ángeles de Charlie*, *Laverne & Shirley* y *Family Feud*.

Steve Wozniak y Steve Jobs fundaban Apple en un garaje.

La FDA, la Administración de Alimentos y Medicamentos de Estados Unidos, prohibía el colorante rojo n.º 2 al descubrirse que provocaba tumores en la vejiga de los perros.

Howard Hughes moría a los setenta años debido a una insuficiencia renal mientras volaba en su jet privado rumbo a un hospital de Houston. Tenía una fortuna de dos mil millones de dólares y pesaba cuarenta kilos.

Se publicaba *Entrevista con el vampiro*, la primera novela de Anne Rice.

Israel rescataba a los ciento dos pasajeros de Air

France secuestrados en el aeropuerto de Entebbe, en Uganda.

Isabel II enviaba el primer *e-mail* real, el IRA hacía estallar bombas en Londres y los Sex Pistols y la *Bohemian Rhapsody* de Queen alcanzaban un enorme éxito.

Claudine Longet, la ex mujer de Andy Williams, mataba «accidentalmente» de un disparo a Spider Sabitch, su amante esquiador.

Un congresista de Pennsylvania ganaba la nominación por duodécima vez pese a haber muerto dos semanas antes.

Caitlyn Jenner, que por entonces aún era Bruce, se hacía con la medalla de oro en decatlón olímpico y obtenía el título de «la mejor atleta del mundo».

Estaban ocurriendo tantas cosas...

En África estallaba la primera epidemia de ébola, reinaba el pánico por la gripe porcina y, en un contaminado hotel de Filadelfia, un brote de legionelosis acababa con la vida de veintinueve personas.

Un golpe militar destituía en Argentina a la presidenta Isabel Perón.

Sal Mineo moría apuñalado y fallecían Agatha Christie y André Malraux, aunque no juntos.

Saul Bellow ganaba el premio Pulitzer por *El legado de Humbolt* y el Nobel de Literatura por toda su obra.

El Hijo de Sam asesinaba a su primera víctima.

Los disturbios de Soweto suponían el principio del fin del *apartheid* en Sudáfrica.

Se formaba el grupo de rock que se convertiría en U2.

La Asociación de Tenis de Estados Unidos prohibía a la transexual Renée Richards disputar el Open de Estados Unidos.

Network nos brindaba la icónica diatriba de Howard Beal: «Estoy absolutamente furioso y no pienso seguir soportando esto», y Paul Simon ganaba el Grammy al Álbum del Año por *Still Crazy After All These Years*.

Jimmy Carter derrotaba a Gerald Ford, incluso tras afirmar en una entrevista para la revista *Playboy* que, en el fondo, le volvían loco las mujeres.

Nacían Ryan Reynolds, Benedict Cumberbatch, Colin Farrell, Rashida Jones, Alicia Silverstone, Rick Ross, Anna Faris, Peyton Manning, Audrey Tatou, Ja Rule y Reese Witherspoon.

George Harrison era declarado culpable por plagiar *He's So Fine* en *My Sweet Lord*.

El *running back* O. J. Simpson, de los Buffalo Bills, jugaba el mejor partido de su vida, recorriendo doscientos cincuenta metros y anotando dos *touchdowns* contra los Detroit Lions.

Fallecía Mao Zedong.

La Corte Suprema restablecía la pena de muerte, declarando que dicho castigo no era especialmente cruel ni extraordinario.

The Band ofrecía su concierto de despedida en San Francisco.

Elizabeth Taylor y Richard Burton se separaban

tras cuatro meses de matrimonio, precedidos por dieciséis meses de divorcio.

Estados Unidos celebraba su bicentenario.

Imagino que lo comprendéis. Fue un año estupendo y, al igual que todos los años, sucedieron un montón de cosas. La gente trabajaba en la tele o en el cine, escribía canciones que gustaban más que otras canciones; había algunos que destacaban en el mundo del deporte y, como siempre, murieron muchas personas famosas y con talento. Pero mientras todo eso sucedía, ocurría algo importante (y tantas décadas después, mira por dónde, sigue ocurriendo): *Star Wars*.

En 1976 estábamos en Londres rodando el primer título de la saga y ningún miembro del reparto podía imaginar lo mucho que cambiarían nuestras vidas cuando la película se estrenase al año siguiente.

Pasemos a 2013. Estaban ocurriendo cosas bastante similares, solo que con mayor rapidez e intensidad. Y George Lucas anunció que la franquicia de *Star Wars* volvía a empezar y que el reparto original actuaría en el nuevo filme.

Me sorprendió, en la medida en que a uno le sorprende algo cuando tiene más de cuarenta años. Me refiero a que alguna vez había pensado (y no mucho, la verdad) que rodarían más películas de la saga, pero dudaba que yo apareciera en ellas. Y entonces resultó que sí. ¡Aleluya!

Y ello a pesar del hecho de que no me entusiasmase verme en pantalla (ni siquiera me fascinó a la edad en que supuestamente debía hacerlo): ahora existía el 3D, la alta definición y cosas por el estilo, así que todas tus arrugas y tus carnes marchitas quedaban en evidencia. Si cuando era joven no me gustaba, no iba a gustarme ahora. El problema era que sería incapaz de ver la nueva secuela, al menos como parte del reparto. Pero qué más daba, ¡alguien podía contármela!

Si actuaba en el nuevo filme de la saga tendrían que pagarme algo, pese a que una sombra de duda podía proyectarse poco a poco sobre ese hecho hipotético basado en parte en la historia de *Star Wars*. (Ni hablar de *merchandising*, ¡pero quizás esta vez consiguiera un poco!)

En cualquier caso, todos queríamos figurar en la película, y cualquiera podía ser eliminado fácilmente de la lista. Bueno, tal vez no tan fácilmente, pero podían descartarnos si nos poníamos muy exigentes en cuanto a lo que queríamos cobrar. Y en este caso, cuando hablo en plural me refiero a mí.

Lo cierto es que, por más que haya bromeado sobre *Star Wars* durante años, me gustaba haber actuado en esas películas. Sobre todo por ser la única chica en una obra de fantasía donde todos los demás eran hombres. Fue divertido hacerlas, y una anécdota de una importancia inimaginable.

Me gustaba ser la princesa Leia. O que la princesa Leia fuese yo. Con el tiempo nos fusionamos en una sola persona; no creo que nadie pueda pensar en Leia sin que yo merodee también por sus pensamientos. Y no estoy hablando de masturbación. Así que la princesa Leia somos dos, en plural.

En definitiva, ¡podría pagar mis gastos, tal vez no todos, pero sí una parte! Quizá no de inmediato, pero sí en poco tiempo. Podría comprarme un apartamento, o al menos volver a comprar cosas innecesarias, ¡y en cantidades muy innecesarias! ¡Pronto incluso volvería a tener una cuenta en Barneys! ¡La vida era bella! Es decir, la vida pública: piscinas, estrellas de cine...

¡Y así, damas y caballeros, fue como empezó mi nueva aventura en *Star Wars*! ¡Como un *flashback* de ácido, solo que intergaláctico, actual y esencialmente real!

¿Quién creéis que habría sido si no hubiera sido la princesa Leia? ¿Soy la princesa Leia o ella es yo? Encontrad el punto medio y os acercaréis a la verdad. *Star Wars* era y es mi trabajo. No puede despedirme y jamás podré dejarlo... Además, ¿por qué debería hacerlo? (Esa es una pregunta tanto retórica como real.)

Hoy, mientras revisaba unas cajas que contienen viejos escritos míos, encontré los diarios que escribí cuando rodaba la primera película de la saga, hace cuarenta años. Permanece en antena.

Mi vida antes de Leia

Dos años antes de *La guerra de las galaxias* (que con el tiempo pasó a llamarse *Episodio IV: Una nueva esperanza*), actué en una película llamada *Shampoo*, protagonizada y producida por Warren Beatty, y dirigida por Hal Ashby. Yo interpretaba el papel de la hija cabreada y promiscua de Lee Grant, que acababa acostándose con el amante/peluquero de su madre: la estrella de la película era Warren, por supuesto. Fue él quien, junto con el guionista Robert Towne, me contrató para interpretar aquel papel.

En esa época lo último que quería hacer era meterme en el mundo del espectáculo, una ocupación veleidosa que te exponía al desasosiego y la humillación, como esos tentempiés recalentados que sirven durante las proyecciones de las películas. Dicho desasosiego estaba alimentado por el descenso casi imperceptible de la popularidad a lo largo del tiempo. Primero, empiezas interpretando pequeños papeles en películas comerciales, después —si es que ocurre aquello que todos los actores están esperando— llega el éxito. De la noche a la mañana te conviertes en una estrella.

Me perdí el vertiginoso ascenso de mis padres. Aparecí en escena cuando Debbie Reynolds, mi madre, aún actuaba en buenas películas de gran presupuesto de la Metro Goldwyn Mayer. Pero a medida que crecí y, muy lentamente, empecé a comprender cómo funcionaba todo, me di cuenta de que aquellas películas ya no eran como las de antes. El contrato de mi madre expiró cuando estaba al final de la treintena. Recuerdo que la última película para los estudios MGM en la que actuó, con cuarenta años, era de terror y se titulaba *¿Qué le pasa a Helen?* Estaba a años luz de distancia de *Cantando bajo la lluvia,* y Shelley Winters, su coprotagonista, la asesinaba de un modo un tanto desconsiderado al final de la historia.

Poco tiempo después, mi madre empezó a actuar en clubes nocturnos de Las Vegas, entre ellos el desaparecido Desert Inn. Yo también trabajaba en su espectáculo, cantando *I Got Love* y *Bridge Over Trouble Waters.* Significaba un gran paso adelante desde el instituto. Todd, mi hermano menor, me secundaba a la guitarra y las coristas que acompañaban a mi madre bailaban y cantaban detrás de mí (algo que, en ciertos momentos de mi vida, deseé que siguieran haciendo).

Después mi madre recorrió los teatros de Estados Unidos con una versión distinta de ese espectáculo, y más adelante presentó un musical en Broadway. En aquel entonces yo era una de las coristas que había detrás de mi madre, que es donde suelen estar las coristas. Continuó presentando su espectáculo durante los siguientes cuarenta años... con incursiones en programas televisivos y películas (muy especialmente en *Las manías de mamá*, de Albert Brooks).

Eddie Fisher, mi padre, actuó en clubes nocturnos hasta que dejaron de pedírselo, y cuando no se lo pedían se debía, en parte, a que como cantante melódico ya no era relevante, y, en parte, a que se mostraba más interesado por el sexo y las drogas. Inyectarte anfetaminas durante trece años puede estropear cualquier carrera; preguntad por ahí.

De vez en cuando lograba firmar un contrato por un libro o... En realidad, eso era todo. Nadie podía correr el riesgo de contratarlo para cantar, pues era muy capaz de no presentarse y su voz estaba muy afectada por su estilo de vida libertino. Además, la gente no estaba dispuesta a perdonarle que hubiera abandonado a mi madre por Elizabeth Taylor, y eso hizo que durante el resto de su vida lo consideraran un sinvergüenza.

Un día, cuando yo tenía unos doce años, estaba sentada en el regazo de mi abuela —algo que no fue buena idea a ninguna edad, dado que Maxine Reynolds era cualquier cosa menos cariñosa—, cuando de repente esta le preguntó a mi madre:

—¿Compraste esas entradas para *Annie* que te pedí?

—Lo siento, mamá —contestó mi madre—. ¿Hay algún otro espectáculo que te gustaría ver?

Maxine dirigió una mirada suspicaz a mi madre, sin pronunciar palabra. (Mi abuela solía mirar de tres maneras: con suspicacia, con hostilidad y con tres tipos de decepción; activa, vívida y condescendiente.)

—Lo siento, mamá —repitió mi madre—. Al parecer, este mes las entradas para *Annie* ya están agotadas. Lo he intentado en todas partes.

Mi abuela apretó los labios, como si oliera algo desagradable. Después resopló y, en tono de profunda decepción, masculló:

—En esta ciudad, ser Debbie Reynolds solía tener cierta importancia. Ahora ni siquiera puedes conseguir un par de miserables entradas para un espectáculo.

Estrujé a mi abuela de manera involuntaria, como si así pudiera eliminar todos los futuros comentarios desdeñosos surgidos de su pequeño cuerpo. Fueron episodios como este los que me hicieron decidir que nunca formaría parte del mundo del espectáculo.

Entonces, ¿por qué accedí a visitar el plató de *Shampoo* sabiendo que en esa película podía haber un papel idóneo para mí? Quién sabe... Quizá quería, de algún modo, sentirme deseada por Warren

Beatty. En todo caso, a los diecisiete años no parecía una opción profesional, o tal vez me estuviera engañando a mí misma. Dios sabe que no sería la última vez. No hace falta tener sentido del humor para engañarte a ti misma, pero tenerlo resulta útil para casi todo lo demás, en especial para las peores cosas. Y actuar en esa película no era una de ellas.

Por fin, conseguí el papel de Lorna, la hija de Jack Warden y Lee Grant, en *Shampoo*. Básicamente, solo aparecía en una escena y era con Warren, quien interpretaba el papel del peluquero y amante de mi madre (y de todas las demás). A mi personaje le disgustaba su madre y jamás había ido a la peluquería; es decir, no se acostaba con su peluquero.

¿Acaso el hecho de que Lorna no fuese a la peluquería constituía un modo de rebelarse contra su madre? Es posible. ¿Intentar seducir al peluquero de su odiada madre suponía una manera de joder a esta? Sin duda. ¿Lorna se habría arrepentido si su padre lo hubiese descubierto? Tal vez. O tal vez no. Vosotros escogéis.

En la película aparezco en una pista de tenis vestida con ropa de deporte, sosteniendo una raqueta y de pie junto a un tenista profesional que le da a la pelota mientras yo observo la llegada de Warren. Le informo de que mi madre no está en casa y lo acompaño a la cocina, donde le pregunto si se está tirando a mi progenitora y si quiere comer algo. Le digo que jamás he ido a una peluquería y que no me parezco en nada a mi madre, y luego le pregunto si quiere irse a la cama conmigo. La escena acaba con mi proposición indecente, y después aparezco en la habitación, cubriéndome con el fular tras el coito.

Es muy probable que no os hayáis preguntado por qué llevaba un fular. Pues porque yo, Carrie, tenía el pelo corto —como cuando has ido a la peluquería—, y por lo tanto debía llevar una peluca para demostrar que jamás me ponía en manos de un peluquero. Así que llevaba el fular para que la peluca no pareciera tanto una peluca. La otra pregunta importante que quizá no os hagáis es si llevaba un sujetador debajo de la ropa de deporte (y si no era así, ¿por qué no lo llevaba?).

La respuesta es sencilla: Aggie, la diseñadora de vestuario, le preguntó a Warren —estrella, coguionista y productor de *Shampoo*— si quería que yo llevara sujetador. Warren echó un vistazo a mis pechos.

—¿Lleva uno en este momento?

Permanecí ahí como si mis pechos y yo nos encontrásemos muy lejos de allí.

—Sí —contestó Aggie.

Warren apretó los labios y me miró con expresión pensativa.

—Veamos cómo queda sin sujetador.

Seguí a Aggie hasta mi caravana tipo jaula de hámster y me lo quité. Después me sometí al escrutinio de Warren, quien volvió a estudiar mi torso con aire impasible.

—¿Y esto es sin? —preguntó.

—Sí —respondió Aggie, soltando un gemido.

—Pues rodemos sin —dictaminó, ordenó, conminó Warren...

Mis pechos y yo regresamos a mi caravana con Aggie, y el tema quedó zanjado. Podéis contemplar mis pechos sin sujetador en *Shampoo* en YouTube (o en LubeTube), también mi aspecto en-el-espacio-sin-nada-de-ropa-interior en la primera película de *Star Wars*, y el bikini metálico (para matar a Jabba) en la tercera (hoy paradójicamente conocidas como *Episodios IV y VI*).

Solo tardamos unos días en rodar mis dos escenas en *Shampoo*, y luego volví a casa con mi madre y mi hermano menor, Todd, confiando en que no seguiría viviendo allí mucho tiempo más, porque para mí, que me había convertido en la-chica-más-guay-del-planeta, ya estaba bien.

Jamás he vivido una prueba como la que hice con Terrence Malick, el director de *Días del cielo*. Recuerdo quedarme sentada charlando con él durante más de una hora. Gracias a Dios no hablaba solo yo, aunque creo que él trataba de conocerme y de descubrir cómo era. Al fin y al cabo, no fui yo quien lo convocó a una reunión para hablar de una película que yo estaba rodando.

Recuerdo que le conté demasiadas cosas sobre mí, una costumbre que no dejaría de crecer con los años, pero de adolescente aún no poseía un repertorio de anécdotas demasiado amplio. Por entonces, una de las mejores estaba relacionada con Rip Taylor, el cómico —que actuó junto con mi madre en un espectáculo en Las Vegas—, y Lynn, su secretario gay.

Yo estaba enamorada de Lynn. Era guapo, llevaba un pañuelo alrededor del cuello y era realmente fino y delicado, como si bastase que soplaras sobre él para que flotase como una pluma en el aire. Lynn solía llamarme su «manzana del amor», y nos liábamos en el autobús del equipo.

Si en vez de actuar en espectáculos con mi madre hubiese ido al instituto, habría podido dar salida a mis sentimientos y vivir una vida de adolescente. Pero como no estaba viviendo dicha vida, no dejaba de enamorarme de hombres gais.

Además de Lynn, estaba Albert, que era bailarín en *Irene*, un espectáculo de Broadway en el que también actuaba Debbie. Era atractivo y gay (aunque, según mi opinión de profana, nadie hubiese dicho que lo era), y solíamos liarnos en los vestuarios. Mi madre lo sabía, así que ¿de qué iba todo eso? Yo solo tenía quince años, era menor de edad, y un día me dijo:

—Si quieres acostarte con Albert, te observaré. Así podré darte instrucciones.

No quiero ser injusta. En aquel tiempo mi madre estaba realmente perturbada; su vida se estaba desmoronando e intentaba apuntalarla a base de amor maternal, aunque fuera un tanto excéntrico.

No existen muchos momentos ideales para ventilar esa clase de intimidades, de manera que estoy bastante segura de que Terry Malick se enteró de mi lío con Lynn, Albert y mi madre. Parecía la clase de persona interesada en cualquier historia extraña que te atemorizara y te hiciera sentir sola. En sus películas había mucha improvisación, de modo que quizás esas entrevistas fueran su manera de determinar si sus actores se sentían cómodos en su propia piel. (Yo me siento muy cómoda en mi propia piel. Solo me gustaría que a veces no hubiese tanto espacio alrededor para sentir dicha comodidad.)

Tuvimos varias reuniones parecidas antes de que Malick me hiciera leer mis diálogos con John Travolta. En esa época, John era famoso por su papel en la comedia de situación *Welcome Back, Kotter*. Parecía seguro que obtendría el papel protagonista en *Días del cielo* y, durante las escasas ocasiones en que ambos leímos nuestros diálogos juntos, nuestra química fue fantástica. Como dos vasos que contienen un líquido inflamable, ambos burbujeábamos... cómodamente. Si John protagonizaba *Días del cielo*, ¿sería yo la coprotagonista? ¡Las cosas pintaban bien!

Sin embargo, por algún motivo, John no pudo actuar en la película, por lo que quedó descartado y Richard Gere ocupó su lugar. También leí con él; limitémonos a decir que nuestro burbujeo no era compatible, razón por la que quedé descartada y Brooke Adams ocupó mi lugar. Por el momento, mi potencial carrera como actriz más o menos seria llegó a su fin. Sería necesario algo más que un pequeño papel en *The Blues Brothers* para que la gente dejara de pensar en mí como la princesa Leia.

Días del cielo fue una película maravillosa y tal vez me hubiera «desleiaficado» un poco, pero la cruz (muy muy ligera, lo admito) con que tendría que cargar siempre sería que me conocieran como la princesa Leia y no como «la chica que estaba perfecta en una de las primeras obras maestras de Terry Malick».

Hice audiciones para otras películas (*Grease* y *Dos pillos y la heredera*), y después solicité matricularme en dos escuelas de arte dramático de Inglaterra. La Royal Academy of Dramatic Art me rechazó, pero la Central School of Art and Drama —entre cuyos alumnos destacaban Laurence Olivier, Harold Pinter y las hermanas Redgrave— aceptó mi ingreso.

Eso era lo que yo había estado esperando egoístamente: la oportunidad de dejar de vivir en la misma casa o el mismo país que mi recientemente divorciada y empobrecida madre. Como gratificación, obtuve una experiencia real como actriz, algo que jamás había tenido, en parte porque aún no estaba muy segura de que quería serlo. Pero tal vez fuese algo que podía hacer sin un título o acreditación de ninguna clase: un trabajo en el que me pagarían un sueldo que me permitiría salir al mundo e iniciar lo que, risiblemente, llegaría a llamar «mi propia vida».

Cuando empecé a estudiar en la Central School of

Art and Drama tenía diecisiete años y era la alumna más joven de la escuela. Era la primera vez que vivía sola; por fin me había separado de mi madre (no me molestaba que me mantuviese, pero no quería convivir con ella) y me había instalado en un apartamento que le subalquilaba a un amigo, donde no decepcionaría a nadie..., y si por algún extraño motivo alguien se sentía decepcionado, no me importaría, porque no estaba emparentada con él o ella.

Cabeza abajo
e inconsciente, con
los ojos amarillos

George Lucas realizaba las pruebas para *La guerra de las galaxias* en una oficina situada en un solar de Hollywood. Era en uno de esos edificios de color crema y estilo seudoespañol de la década de 1930, con techo de ladrillos naranja oscuro y ventanas cubiertas de rejas negras, bordeado de aceras en las que crecían árboles —creo que eran pinos, de esos cuyas agujas caen a la calle—, interrumpidos por zonas de césped seco y antaño verde.

Todo estaba un poco desgastado, pero en esos edificios podían suceder cosas buenas. En ellos había vida, las empresas prosperaban y los hombres asistían a reuniones prometedoras, en las que se forjaban grandes planes y se proponían ideas. Pero entre todas las reuniones celebradas en esa oficina concreta, ninguna podía compararse con el impacto mundial causado por el cásting de *La guerra de las galaxias*.

Se podría poner la siguiente placa en el exterior del edificio: «Aquí se realizaron los cástings de las películas de la saga *Star Wars*. Los candidatos entraban y salían de este edificio hasta que solo quedaron tres. Esos tres eran los actores y la actriz que finalmente interpretaron los papeles protagonistas de Han, Luke y Leia.»

Ya he contado en numerosas ocasiones —en entrevistas, montada a caballo y en unidades de cardiología— la historia de cómo obtuve el papel de la princesa Leia, así que, si ya lo habéis escuchado, me disculpo por requerir vuestra valiosa paciencia. Sé cuán firmemente la mayoría de nosotros tiende a aferrarse a la poca paciencia que hemos logrado acumular a lo largo de la vida, y agradezco que derrochéis conmigo unos instantes de vuestra preciosa existencia.

George me pareció más menudo de lo que era porque hablaba muy poco. Lo conocí en ocasión de esas pruebas, la primera de las cuales compartió con Brian De Palma. Brian estaba haciendo el cásting de *Carrie*, su película de terror, y ambos necesitaban a una actriz de entre dieciocho y veintidós años. Yo tenía la edad correcta en el momento correcto, de modo que hice sendas pruebas para ambos directores.

Hasta el momento George había dirigido dos largometrajes: *THX 1138*, protagonizado por Robert Duvall, y *American Graffiti*, con Ron Howard y Cindy Williams. Ese primer día, los diálogos que leí para George y para Brian eran, respectivamente, los de la princesa Leia en *Star Wars* y los de Carrie en el filme homónimo. Si me daban el papel para esta última, supondría el no va más del cásting: Carrie como Carrie en *Carrie*. Dudo que ese fuera el motivo por el que no alcancé la siguiente audición para esta..., pero tampoco ayudó el que hubiera un ridículo cartel publicitando una película de terror.

Tomé asiento ante los dos directores, cada uno detrás de su escritorio. George Lucas casi no abrió la boca, solo me saludó con un gesto de la cabeza cuando entré en la estancia, y fue Brian De Palma quien tomó las riendas. Era un hombre grande, y no solo porque hablaba más... o porque hablaba y punto. Brian estaba sentado a la izquierda y George a la derecha, ambos eran barbudos, y parecía como si pudieras escoger al director por la talla. Solo que quienes escogían eran ellos.

Brian carraspeó y dijo:

—Aquí veo que actuaste en la película *Shampoo*, ¿correcto?

Sabía eso, así que me limité a asentir con la cabeza, esbozando una sonrisa tensa. Tal vez la siguiente pregunta requiriese algo más que asentir con la cabeza.

—¿Te gustó trabajar con Warren?

—¡Sí! —¡Eso era fácil!—. Disfruté mucho trabajando con él... —Pero la mirada de Brian me hizo comprender que la respuesta era insuficiente—. Era...

—¿Qué era? ¡Querían saberlo!—. Me ayudó mucho en mi trabajo. Quiero decir que él y el otro guionista... trabajaron conmigo.

¡Dios, aquello no estaba saliendo bien!

Brian esperó a que dijera algo más, y, al no hacerlo, intentó echarme una mano.

—¿Cómo trabajaron contigo?

¡Ah, era eso lo que querían saber!

—Me hicieron repetir la escena una y otra vez, y con comida. Porque la escena incluía comida; debía ofrecerle una manzana asada a Warren y después preguntarle si se estaba tirando a mi madre... Bueno, acostándose con ella..., ya sabe.

George casi sonrió, Brian sonrió de verdad.

—Sí, sé lo que significa «tirando» —dijo.

Me ruboricé y pensé en poner fin a esa entrevista de inmediato, pero seguí adelante.

—No, no, ese es el diálogo —aclaré—. «¿Te estás tirando a mi madre?» Se lo pregunto porque detesto a mi madre, no a mi verdadera madre, sino a mi madre en la película, en parte porque se acuesta con Warren..., que es el peluquero. Lee Grant interpretaba el papel de mi madre, pero en realidad no tenía escenas con ella, y es una pena porque es una actriz estupenda. Como Warren, quien además escribió el guion de la película junto con Robert Towne, que es el motivo por el cual ambos trabajaron conmigo. Con comida. Todo suena mucho más natural si hablas con la boca llena. Y no es que uno hable con la boca llena en vuestras películas. Tal vez en la película de terror, pero ignoro cuál es la situación de la comida en el espacio.

La entrevista parecía estar mejorando.

—¿Qué has hecho después de *Shampoo*?

Reprimí el impulso de responder que había compuesto tres sinfonías y aprendido a practicar cirugía dental con monos. En su lugar, dije la verdad.

—Me fui a estudiar a Londres. A la escuela de arte dramático. Asistí a la Central School of Art and Drama. —Quería proporcionarle toda la información—. En realidad, todavía sigo allí. Solo he venido a pasar las vacaciones de Navidad.

Me detuve abruptamente para tomar aire. Brian asentía con la cabeza con aire sorprendido, enarcando las cejas hasta que casi le rozaban el cabello. Me hizo amables preguntas sobre mi experiencia en la escuela, que respondí amablemente mientras George observaba con expresión impasible. (Llegaría a descubrir que la expresión de George no significaba indiferencia ni nada parecido. Era tímida y perspicaz, entre otras muchas cosas, como inteligente, atenta e incluso... «chula». Solo que no era esa la palabra adecuada, porque resultaba demasiado juvenil e imprecisa, y, además, y eso es lo más importante, George la hubiese odiado.)

—¿Qué piensas hacer si consigues uno de estos trabajos para los que te postulas?

—En realidad dependería del papel, pero... supongo que abandonaría los estudios; es decir, seguro que lo haría. Lo que quiero decir...

—Sé lo que quieres decir —me interrumpió Brian.

La entrevista continuó, pero yo ya no estaba en ella: sabía que había metido la pata al confesar que podía ser tan volátil... ¿Abandonar la escuela en medio del curso por el primer trabajo que se cruzaba en mi camino?

La reunión terminó poco después. Estreché la mano de ambos directores y me dirigí a la puerta, rumbo al patíbulo del olvido. La mano de George era firme y cálida al mismo tiempo.

Regresé a la sala de espera sabiendo muy bien que volvería a la escuela.

—Señorita Fisher —dijo de pronto una asistente del cásting.

A pesar de que me encontraba en el soleado Los Ángeles, me quedé helada (o debería haberlo hecho).

—Aquí están sus diálogos —añadió—. Dos puertas más allá. Leerá frente al vídeo.

Por un instante pensé que el corazón me estallaría.

En la escena de *Carrie* aparecía la madre (papel que Piper Laurie encarnaría en una actuación memorable). Era el típico ambiente siniestro en que la gente está incómoda. Pero el ambiente de *La guerra de las galaxias...* ¡Allí no había madres! Había autoridad, confianza y mando, todo ello transmitido en un extraño lenguaje. ¿Era yo así? Confié en que George creyese que sí... y que yo supiera fingir que también lo creía. Podía simular que era una princesa cuya vida transcurría entre el caos y la crisis, sin bajar la vista para descubrir, aliviada, que su vestido no estaba desgarrado.

Ahora no recuerdo cómo me sentí al leer las dos escenas. Solo puedo suponer que me critiqué muchísimo a mí misma. Y a voz en cuello. ¿Les había gustado a ellos? ¿Creían que estaba gorda, que parecía un cuenco de cereales con ojos? Cuatro pequeños puntos en una cara grande, plana y pálida. («Yo, Cara pálida; tú, Toro.») ¿Me consideraban suficientemente guapa? ¿Resultaba agradable hasta el punto de poder relajarme? Ni hablar, porque (a) a mi alrededor nadie estaba relajado, y (b) en el mundo del espectáculo la relajación no existe.

Sin embargo, George debió de pensar que lo hice lo bastante bien para volver a llamarme. Incluso me mandaron el guion de *La guerra de las galaxias* para que practicara antes de la última audición. Recuerdo abrir el gran sobre con mucho cuidado antes de extraer el ignoto contenido. No parecía distinto de otros guiones —papel cubierto de letras garabateadas—, y por alguna razón sentí el deseo de leerlo en voz alta.

Ahora entra en escena Miguel Ferrer. Miguel todavía no estaba seguro de querer ser actor, al igual que yo, pero ambos nos sentíamos intrigados y queríamos seguir explorando. También como yo, sus progenitores venían del mundo del espectáculo. Su padre era el actor José Ferrer, y su madre, la cantante y actriz Rosemary Clooney. Éramos amigos; lo llamé por teléfono y le pedí que leyera el guion conmigo. Llegó a la nueva, y mucho más pequeña, casa de mi madre (cuyo segundo fracaso matrimonial supuso para ella un auténtico desastre económico), y fuimos a mi habitación en la planta superior.

Como todos los jóvenes que entonces querían ser actores de Hollywood, Miguel también participó en el cásting de la película, así que ambos teníamos una vaga idea de lo que nos esperaba. Nos sentamos en mi cama y comenzamos a leer. Desde la primera página —*La guerra de las galaxias: una fantasía espacial*—, las imágenes y los personajes resultaban deslumbrantes, y no solo en nuestras mentes: eran tan vívidos que ocupaban las sillas y cuanto había en la habitación. Exagero un poco, pero podrían haberse lanzado sobre los muebles, devorarlos y exclamar «Tris, tras, tres, bebo la sangre de un inglés», porque el guion era de una épica total.

Las imágenes del espacio nos rodearon: los planetas y las estrellas flotaban en torno a nosotros. Leia, el personaje cuyos diálogos estaba leyendo, era secuestrada por el malvado Darth Vader; secuestrada y colgada cabeza abajo cuando Han Solo, el piloto contrabandista (cuyo papel leía Miguel), y su copiloto Chewbacca, una gigantesca criatura parecida a un mono, me rescataban. En el guion estaba colgada cabeza abajo, inconsciente y con los ojos amarillos. Nunca olvidaré esa imagen. Quien obtuviese el papel de Leia, lo haría. ¡Potencialmente yo lo era! Tal vez, si tenía suerte, Solo y Chewbacca (¡Chewie!) me rescatarían de las cavernas subterráneas donde me torturaban, y Chewie me cargaría a sus espaldas a través del agua que le llegaba a los muslos mientras conseguíamos ponernos a salvo del peligro (interplanetario).

Por desgracia, nunca rodaron esas escenas debido a un tema de presupuesto y al hecho de que Peter Mayhew, a quien contrataron para interpretar a Chewie, era incapaz de realizar aquella peligrosa misión debido a su estatura de más de dos metros. Sufría una dolencia que le impedía ponerse de pie con rapidez y conservar el equilibrio, y era incapaz de levantar cualquier tipo de peso. Y mi peso, como todos los habitantes del país de Lucas recuerdan, entraba, y sigue entrando, en la categoría de «cualquier tipo».

Así pues, una vez que Peter obtuvo el papel, cargar con alguien a través de esas cavernas subterráneas anegadas quedó descartado. Pero también recuerdo oír que un plató semejante resultaba muy caro de construir, y la película era de bajo presupuesto, de manera que la escena, como he dicho, desapareció, y solo dejaron a la inconsciente Leia y sus ojos amarillos. La mayoría de nosotros sabe cuán barato sale, o salía, alcanzar la inconsciencia; por lo tanto eso no habría supuesto un problema presupuestario. Pero cuando obvias la incapacidad de Peter de cargar a una princesa guerrera y te planteas la poca rentabilidad de las cavernas subterráneas —da igual lo bellamente que puedas representar la inconsciencia—, comprendes que aquello no podía ocurrir.

Aquel día, leyendo el guion en compañía de Miguel, la Fuerza se introdujo en mí (de un modo no invasivo), y ahí ha permanecido desde entonces. Acabé leyendo para la película con un nuevo actor, a quien no había visto antes, ni él a mí. Apuesto a que más de una vez se habrá arrepentido, si es que es capaz de arrepentirse de algo. Estoy hablando de Harrison Ford. Ambos leímos juntos en una estancia del mismo edificio donde conocí a George Lucas y a Brian De Palma. La audición me puso tan nerviosa que no recuerdo gran cosa de Harrison, y dado lo nerviosa que Harrison acabaría poniéndome, eso resultaba muy atemorizador.

La semana siguiente me llamó Wilt Melnick, mi agente, quien también había sido el agente de mi madre.

—¿Carrie?

Yo conocía mi nombre, así que le dije que era yo.

—Sí —afirmó una voz muy parecida a la mía, pero profunda.

Sentí un nudo en el estómago.

—Han llamado —dijo.

Genial, porque eso era realmente lo único que quería saber. Si habían llamado, no qué habían dicho..., eso no tenía importancia.

—Te quieren a ti —añadió Wilt.

Se hizo el silencio.

—¿Me quieren a mí? —pregunté por fin—. Quiero decir... ¿a mí?

Wilt rio, luego reí yo, dejé caer el auricular y eché a correr hacia el patio delantero y después a la calle. Estaba lloviendo en Los Ángeles, donde nunca llovía. ¡Llovía en Los Ángeles y yo era la princesa Leia! Nunca antes había sido la princesa Leia, y ahora lo sería eternamente. Nunca dejaría de serlo. Entonces no sabía cuán profundamente cierto era eso ni cuánto duraba le eternidad.

No me pagarían nada y me harían volar en clase turista —algo que obsesionaría a mi madre durante meses—, pero yo era Leia y eso era lo único que realmente importaba. «Soy Leia y nadie puede quitármelo.»

Jamás imaginé que, en realidad, podía llegar el día en que esperase que alguien pudiera hacerlo.

Los rodetes
de las galaxias

La película se rodaba en Inglaterra, así que podía abandonar la escuela pero no me vería obligada a cambiar el «escenario del crimen». Mi amigo Riggs me dejó instalarme en su piso de Kensington, situado detrás de los grandes almacenes Barkers, y fue allí donde me alojé durante los tres meses que duró el rodaje.

Recuerdo llegar al plató aquel primer día esforzándome por parecer lo más benévola y discreta posible. Me presenté en los estudios de Borehamwood, a unos cuarenta y cinco minutos de Londres, donde me tomaron las medidas para confeccionar el vestuario y me hicieron las pruebas de maquillaje y peinado. (En su mayoría, el equipo estaba formado por hombres, y las cosas no han cambiado al respecto.

Es un mundo masculino, como el del espectáculo, generosamente sembrado de mujeres espolvoreadas como especias sobrecualificadas.)

El peinado elegido afectaría a la forma en que todos —me refiero a los seres humanos que van al cine— me verían durante el resto de mi vida. (Y quizá también más allá de esta: resulta difícil imaginar una necrológica televisiva que no use una foto de esa niñita de cara redonda con sendos absurdos rodetes a los lados de su escasamente experimentada cabeza.) Mi vida había comenzado y estaba cruzando el umbral enfundada en un vestido largo y virginal que me hacía parecer una enfermera holandesa del siglo XVII.

Me dieron el papel en *La guerra de las galaxias* junto con la deprimente advertencia de que perdiera cuatro kilos y medio, así que para mí la experiencia se parecía menos a «¡Bien! ¡Tengo un empleo!», y más a: «Tengo un empleo y me he torcido el tobillo.» Aquellos cuatro kilos y medio representaban el diez por ciento que corresponde al agente, pero pagado en carne.

De modo que fui a una clínica de adelgazamiento. En Texas. ¿No había ninguna en Los Ángeles? Las únicas respuestas que se me ocurren son las siguientes: 1) no, porque en Los Ángeles todo el mundo ya es delgado, y 2) no, porque estábamos en 1976 y faltaban muchos años para que todo ese asunto de hacer ejercicio, obsesionarse con el cuerpo y acudir a clínicas de adelgazamiento se pusiera de moda. En aquel entonces el único gurú del ejercicio físico era Richard Simmons, una criatura extravagante de pelo crespo que se parecía al payaso Bozo, pero en gay, aunque quizá suene a redundancia, algo que yo, gracias a Dios, no tengo manera de averiguar, porque, también gracias a Dios, no conozco al payaso Bozo en persona.

Mi madre me recomendó la clínica Puerta Verde de Texas, o tal vez se llamara Puerta Dorada o algo parecido, porque la única «puerta verde» de la que alguien había oído hablar era una película porno titulada *Detrás de la puerta verde*, conocida porque convirtió a Marilyn Chambers, su protagonista, en un nombre familiar, al menos en los prostíbulos. (La vi a los quince años y fue la primera vez que oí la palabra «felación».)

En la clínica de adelgazamiento de Texas conocí a Ann Landers (alias Eppie Lederer), una famosa columnista que llevaba un consultorio sentimental, y a Lady Bird Johnson; ambas se convirtieron en mis protectoras, una situación incómoda. Cuando le hablé de *La guerra de las galaxias*, Lady Bird creyó que había dicho *La perra de las falacias*, y Ann/Eppie me dio un montón de consejos espontáneos mientras tomábamos una cena frugal que consistía en una perdiz con aspecto chamuscado que parecía haber sido abrasada por una antorcha. Fue más que suficiente; una semana después me marché, más triste y con la cara más redonda.

• • •

Al empezar el rodaje, intenté pasar inadvertida para que quienes mandaban no notaran que no había perdido los kilos que me habían pedido que perdiese; en realidad, solo pesaba cincuenta kilos, pero la mitad los llevaba en la cara. Creo que tal vez quienes idearon ese peinado de rodetes lo hicieron con la intención de que estos funcionasen como sujetalibros y mantuvieran mi cara allí donde estaba: entre mis orejas y sin aumentar de tamaño. Y allí permanecería, con las mejillas bajo control y el rostro tan redondo como mi cuerpo menudo, pero no más.

En general, rodábamos de lunes a viernes hasta las seis y media de la tarde. Los miembros más desafortunados del reparto —entre los cuales decididamente me encontraba— debíamos presentarnos en el plató a las cinco de la mañana. Así que me levantaba antes del amanecer; Colin, mi alegre chófer, me recogía en mi piso de Kensington y me llevaba, a través de un Londres adormilado, hasta la sonrosada aurora de los suburbios. Al cabo de cuarenta y cinco minutos nos encontrábamos ante la discreta barrera de los estudios Borehamwood de Elstree.

¿Por qué me exigieron que llegara a esa hora intempestiva? ¿Qué monstruosa cadena de mando me había seleccionado, entre muchas otras más merecedoras de mi papel, más dotadas de cabelleras espesas y rizadas que les llegaban hasta la cintura?

Puede que a estas alturas los aficionados a la cien-

cia ficción ya lo hayan adivinado. Sí, ¡a ese horrendo
y ridículo peinado de Leia! Había sendos postizos
prácticamente atornillados a los lados de mi cabeza,
dos largas cabelleras castañas que, una vez fijadas,
adoptaban la forma de un enorme bollo de canela
que después, con una destreza que siempre me dejaba atónita, la peluquera enrollaba lenta y deliberadamente hasta convertirlas en los famosos rodetes
de las galaxias.

Pat McDermott era la peluquera encargada del
peinado que luciría en la película. Dado que en
Shampoo solo había llevado un único peinado, no
comprendía por qué esa tarea era menos sencilla
de lo que suponía: te ponen una peluca, la cepillan,
la fijan con unos clips y *voilà!* Tienes un peinado.
¿Qué podía ser más fácil? Pero, allí, esa sencilla tarea
resultó un tanto más compleja, si consideráis que
el *look* de Leia luego lo llevarían niños, travestis y
parejas en lo que sería una fantasía sexual inmorta-
lizada por la serie *Friends*. Tal vez fuera más respon-
sable de lo que parecía a simple vista, aunque, obviamente, al principio no había forma de saberlo. De
modo que Pat procuró hacer lo que le habían pedido: un peinado original que llevaría una chica de diecinueve años que interpretaba el papel de una princesa.

Pat era irlandesa y hablaba con un deje encan-
tador, lo cual hacía que (o le permitía, según la mañana) referirse al filme como *fill-me*. También me
llamaba «preciosa mía» o «queridísima muchacha»:

«Este es un *fill-me* asombroso, ¿verdad, queridísima muchacha?»; o «¿Quién es esta sino mi encantadora muchacha y el peinado demencial que le hago cada día para el nuevo *fill-me* que están rodando?». Dudo que alguna vez pronunciara la última frase, pero podría haberlo hecho y nadie se habría percatado.

Tal vez porque llegaba casi de madrugada, siempre me quedaba dormida en la silla de maquillaje. Era una chica poco agraciada de cabellos húmedos y desaliñados —que rozaban los hombros de cualquier camiseta poco atractiva que llevara ese día— que dos horas después despertaba milagrosamente transformada en alguien con un aspecto magnífico: la princesa Leia Organa, anteriormente de Alderaan y, en la actualidad, de cualquier lugar que le diera la maldita gana.

Tenía interminables problemas con mi aspecto en *La guerra de las galaxias*, problemas reales, no esos que te inventas para que la gente crea que eres humilde cuando en realidad estás convencida de que eres adorable. Al parecer, lo que yo veía en el espejo no era lo que veían muchos chicos adolescentes; si hubiese sabido cuántas masturbaciones generaría... Bueno, eso habría sido extraordinariamente raro desde muchos puntos de vista, y me alegra que no surgiera el tema, por así decirlo. Pero cuando algunos hombres —tanto de más de cincuenta años como muy jóvenes— se me acercan para informarme de que fui su primer flechazo, mis sentimientos son contradictorios. ¿Por qué a todos esos hombres les resultaba tan fácil enamorarse de mí entonces y tan difícil hacerlo ahora?

No sé el tiempo que Pat y yo pasamos juntas. Ella era la primera persona que veía por la mañana y la última por la noche. Pero los momentos más íntimos ocurrían cuando llegaba al plató; como tardaba dos horas en peinarme, hablábamos mucho. Lo malo es estar sentado con alguien en silencio. Claro que puedes poner música y quedarte de pie o sentada con una vaga sonrisa en los labios, fingiendo que estás encantada de estar allí, pero...

Me mostraron los bocetos de peinados que le proporcionaron a Pat como guía. Les lancé una mirada de espanto muy parecida a la que puse al ver los dibujos del bikini metálico, el que llevaba para matar a Jabba (mi momento favorito de mi historia cinematográfica, que os recomiendo fervorosamente que reproduzcáis: encontrad en vuestra mente el equivalente de matar a una gigantesca babosa espacial y celebradlo. Obra milagros cuando me tortura la tenebrosa imagen de mis auriculares peludos).

Así que Pat me mostró diversos *looks* exóticos, de princesas rusas a criadas suecas. Contemplé las imágenes un tanto alarmada. No había ninguna Lady Gaga que me guiase.

—¿Se supone que debo llevar... esos? —pregunté.

Pat esbozó una sonrisa compasiva.

—No todos. Solo uno —respondió—. Y estoy segura de que no querrán que lleves algo que no te guste.

La miré con aire dubitativo. Parecía su última palabra.

—Te preocupas demasiado —añadió, sin embargo, entre risas y acariciándome el pelo.

De modo que examinamos todos los peinados uno por uno. El que quedaría mejor acompañado de zuecos, un delantal y mangas blancas abullonadas. El más apropiado para la hija de un jefe azteca en el día de su boda: trenzas largas y gigantescas pelucas. Yo permanecía tristemente sentada ante el espejo, observando cómo los peinados le hacían a mi cara lo mismo que los espejos deformantes de un parque de atracciones le hacen a las vuestras.

—Esto no es un peinado, es un no-peinado —protesté.

Pat soltaba una risa amable ante lo que yo confiaba que fuese una broma y seguía peinando, crepando, poniendo clips, echándome laca... Y tras cada nuevo peinado, yo daba un paso atrás ante el espejo, contemplaba mi rostro e intentaba hacer las paces con mi aspecto. ¿Tenía la cara redonda y parecía adorable? Por supuesto. Ahora lo miro desde una distancia prudente, pero es que la mayoría de las personas quedan mejor cuando se las ve de lejos.

Por fin llegó la hora de los auriculares peludos.

—Bueno, ¿qué te parece este peinado, cielo?

Sé sincera, porque tendrás que llevarlo durante un tiempo.

Tampoco ella era capaz de imaginar de cuánto tiempo estábamos hablando.

—No está mal —logré decir—. Me gusta más que los otros. Quiero decir... No te ofendas, pero...

—No me ofendo, cielo. Solo intento darles lo que ellos quieren, aunque no estoy segura de que lo sepan.

—¿No podría ser algo más... sencillo? ¿Por qué el pelo ha de ser tan...?

—Es una película sobre el espacio exterior; no podemos dejar que hagas travesuras llevando una coleta —tiró de mi coleta— y un flequillo, ¿verdad?

Callé. Me pareció que, después de todas las trenzas y los postizos, la coleta sonaba, si no bien, al menos preferible.

—Pues no —añadió—. Así que tú y yo les ofreceremos un pequeño espectáculo a los que mandan, ¿de acuerdo?

—De acuerdo —contesté rápidamente—. Entremos y peguemos unas... —Al advertir que Pat me miraba con una sonrisa demasiado amplia, añadí—: ¡Que me jodan dos veces y me cubran de salsa de manzana!

Entramos en el plató. Pat con la mirada clara, la espalda recta, el pelo plateado y unos ojos azules y brillantes. En cuanto a mí, me faltaba una falda acampanada, una cabra y unos zuecos para interpretar mi papel en *Sonrisas y lágrimas*. Topamos con un

pequeño grupo de trovadores viajeros... No, estoy
bromeando, ojalá hubiésemos topado con un pequeño grupo de cualquier clase de viajeros en vez
de con ese trío: David Tomblin, el primer regidor de
escena, Gary Kurtz, el productor que tal vez sonreía
bajo la barba, y George.

—Bueno... —dijo George.

Dave Tomblin habló en nombre del grupo cuando repitió lo mismo que había dicho al ver los seis
peinados anteriores.

—Creo que este es bastante...

—¡Favorecedor! —intervino Gary.

—¿A ti qué te parece? —me preguntó George.

Recordad que yo no había perdido los cuatro kilos y medio y estaba convencida de que se darían
cuenta en cualquier momento y me despedirían incluso antes de que comenzara el rodaje.

Así que contesté:

—¡Me encanta!

También fue por aquel entonces cuando me enamoré perdidamente de un producto que realza-
ba el maquillaje y que sigue avergonzándome: el brillo de labios. Me aplicaba tal cantidad que si alguien
trataba de besarme corría el riesgo de resbalar y caer
al suelo. En realidad, nunca he comprendido qué es
lo que realza ese producto. ¿Acaso equivale a la saliva que te queda en los labios cuando te relames? Incluso si te los lamieras con actitud seductora, eso no

explicaría ese brillo pringoso: ninguna lengua es tan húmeda, a excepción, tal vez, de la de un búfalo... o la de *Gary*, mi perro, que la tiene enorme y, si quisiera, podría lamerse los ojos. Pero si todos esos horrendos hilillos de saliva de *Gary* te embadurnaran los labios —o los de otra desafortunada muchacha—, dudo que te dieran un aspecto seductor, sino más bien grasiento.

Conferir a Leia ese aspecto brillante haría que Vader temiese resbalar en el brillo de labios y caer sobre ese aparato que le permitía respirar. Además, ¿quién se pone tanto brillo antes de entrar en batalla? Yo... o Leia, por supuesto.

Mi amiga Joan Hackett, la difunta actriz, me enseñó muchas de las cosas que mi madre —sabia o imprudentemente— no me enseñó, incluida la devoción por ese cosmético y la filosofía que su uso implica. Recuerdo que en una película del Lejano Oeste Joan llevaba tanto brillo de labios que habría bastado para encerar un coche; pero, en general, le sentaba bien. En cuanto a mí, al final comprobé que las batallas espaciales y el brillo de labios no eran una buena combinación.

No recuerdo bien algunos detalles, como el orden en que rodábamos las escenas o quién fue el primero a quien conocí bien. Nadie mencionó tampoco que en el futuro tendría que recordarlo. Que pronto llegaría el día —y todos los demás después de ese— en que habría un apetito insaciable por cualquier información sobre *Star Wars*, como si fuera comida durante una hambruna planetaria.

Todo lo que veía del equipo británico era nuevo: la forma que tenían de tratarme; la sensación de que había tantas cosas posibles que era difícil nombrarlas o centrarse en ellas. Todo era muy nuevo.

Leí el diálogo y era imposible. El primer día de rodaje tenía una escena con Peter Cushing, quien interpretaba a Grand Moff Tarkin. En ella yo debía decir: «Me pareció reconocer tu apestoso hedor cuando llegué a bordo.» ¿Quién dice algo así, salvo un pirata del siglo XVII? Al leerlo me pareció que debería decir lo siguiente: «Eh, Grand Moff Tarkin, sabía que lo vería aquí. Cuando me embarqué en esta nave pensé "¡Dios mío! ¿Qué es ese olor? Tiene que ser Grand Moff Tarkin. ¡Todos saben que ese individuo huele como un trozo de queso que alguien encuentra en su coche al cabo de siete semanas!".» Así que dije eso, en un tono más sardónico que emotivo. Sin ningún temor y como un ser humano real, pero no en tono serio sino irónico. Como el de una chica de Long Island que no teme nada ni a nadie.

Y fue entonces cuando George me hizo la única indicación que jamás recibí de él, aparte de sus habituales sugerencias de «acelerar o intensificar» el diálogo. Me llevó a un lado y, en tono muy solemne, dijo:

—Este es un asunto muy importante para Leia. Enorme. Esos individuos están a punto de hacer estallar su planeta, y eso significa que todo lo que conoce desaparecerá para siempre, así que estás muy trastornada. Ella está muy trastornada.

Escuché con atención porque la que debía decir casi todos los diálogos serios y formales era yo, y antes de eso no sabía si tendría que pronunciarlos en tono grave o no. Al ver la película, resultó que el tono que utilicé cuando estaba trastornada era vagamente británico, y que cuando no lo estaba lo era menos.

Como hacía una mueca cada vez que una de las balas de fogueo salía de mi pistola láser, tuve que tomar lecciones de tiro del mismo policía que preparó a Robert de Niro para su aterrador y psicótico papel en *Taxi Driver*. En realidad, no se convertiría en una pistola láser hasta la posproducción de la película. De ahí la expresión «lo arreglaremos en la posproducción». (Yo quería que me arreglaran en la posproducción, pero eso no sería posible hasta que empezaron con las inyecciones de colágeno en Polonia a principios de la década de 1980. Que yo sepa, no existen chistes polacos sobre ese importante descubrimiento. Tal vez se deba a que parecer más joven no es ninguna broma, o a que, en general, algo tan caro no se considera particularmente divertido, a menos que lo inyecten en los labios, en cuyo caso es tan doloroso que convierte una depilación con cera en algo casi divertido. Sé que las mujeres deben parecer más jóvenes durante más tiempo, en parte debido a que las arrugas no realzan el aspecto de la mayoría de ellas, y en parte porque no conozco a muchos hombres heterosexuales cuya meta consista en parecer un adolescente ingenuo. Pero esto último quizá se deba a que no salgo mucho.)

Kay Freeborn era otra de las pocas mujeres que trabajaban en la película, aparte de la estilista Pat McDermott, y la «secretaria» de rodaje. Kay estaba casada con Stuart Freeborn y tenían un hijo, Graham. Todos trabajaban en el rodaje como maquilladores. Stuart había sido maquillador desde la época del cine mudo, donde era necesaria una gran cantidad de maquillaje, puesto que, al no oírse el diálogo, el aspecto de los actores lo era todo. A mí me parecía que tenía unos ochenta años, así que tal vez tuviera cincuenta y cinco o sesenta. Solía contar historias mientras te maquillaba y el calor de los focos te calentaba. Por supuesto, dado que ambas éramos mujeres, la encargada de maquillarme era Kay, y es que en esa fantasía espacial masculina las mujeres debíamos hacer causa común. No obstante, de vez en cuando Stuart también se encargaba de mí.

Stuart siempre parecía tener una sonrisa en la cara (¿dónde iba a tenerla, si no?) mientras te empolvaba.

—Recuerdo haber maquillado a Vivien Leigh cuando rodaba *Inglaterra en llamas*, que protagonizaba junto a Laurence Olivier, su futuro marido. Se habían enamorado durante el rodaje, pero ambos aún estaban casados, así que solo podían encontrarse en secreto. Y allí estaba yo, que en aquel entonces era joven, aunque te cueste creerlo...

—¡No! —lo interrumpí—. ¡Tienes muy buen aspecto!

Él rio agradecido y siguió con la historia.

—Eres una buena chica —dijo, mientras aplicaba rubor en mis mejillas con una de sus numerosas esponjas.

—¡No, no lo soy! ¡No soy buena! ¡Pregúntaselo a cualquiera, te lo dirán!

—Así que allí estaba, pintando los labios de la señorita Leigh durante casi dos horas, porque rodaban la película en technicolor y los labios debían ser muy rojos pero la piel ligeramente gris.

—¿Gris? —exclamé, haciendo una mueca.

Stuart rio mientras me pintaba la otra mejilla.

—Estaba relacionado con el proceso de cuatricromía del technicolor. Hoy en día no lo usan, es demasiado complicado. —Realzó mis cejas—. Así que allí estaba yo. Me llevó dos horas conseguir que los labios de la señorita Leigh quedaran perfectos, y cuando estaba a punto de acabar, y las cámaras ya estaban listas para filmarla... ¿quién entró en el plató? Su señoría, solo que entonces todavía no era «Su señoría», por supuesto, sino solo Larry Olivier, ese nuevo actor. Entonces la mayoría lo llamaba Larry, pero para los desconocidos y los fans era Laurence Olivier, una futura estrella. El caso es que entró,

abrazó a la señorita Leigh y la besó allí mismo. Todas mis horas de trabajo se fueron a tomar viento
y no me quedó más remedio que volver a empezar.
—Se encogió de hombros—. No había nada que hacer. Estaban enamorados y punto. Dicen que solo
eres joven una vez. Una pena, pero es lo que hay.

«Carrison»

He vivido tantos años sin contar la aventura que tuvimos Harrison y yo durante el rodaje de *La guerra de las galaxias*, que hoy me resulta difícil saber exactamente cómo narrarla. Supongo que lo estoy escribiendo porque han pasado cuarenta años y ya no somos quienes éramos entonces. Quien en aquella época podría haberse enfurecido hoy no tendría la energía para hacerlo, e incluso, si la tuviera, a mí me faltaría la necesaria para sentirme tan culpable como hace treinta años, o veinte o... en realidad no podría haberla contado ni siquiera hace diez años.

Hay pocas cosas de mi vida que haya mantenido en secreto, aunque muchos dirán que con algunas mejor que lo hubiese hecho.

Sin embargo, durante los últimos cuarenta años solo me he referido a «Carrison» como una vaga insinuación. ¿Por qué? ¿Por qué no parlotear sobre esto como he parloteado sobre todo lo demás? ¿Acaso era la única cosa que quería guardar para mí? Bueno..., yo y Harrison. Solo puedo especular al respecto. De todos modos, existen reglas sobre eso de revelar tu vida íntima con una celebridad, ¿no? Me gustaría pensar que solo se refieren a los hombres, y que por eso Harrison ha sido muy discreto y no ha contado su parte de la historia. Pero que él haya sido discreto no significa que yo deba seguir siéndolo. Lo de mantener punto en boca solo tiene validez durante cierto tiempo.

Claro que hasta ahora no me sentía realmente cómoda al contar la historia —y sigo sin estarlo, y quizá tampoco lo esté en el futuro, cuando vosotros leáis esto—, no solo porque en general no soy una persona que se sienta cómoda sino porque en aquel momento Harrison estaba casado... Además, ¿por qué iba a contar algo así, a menos que fuera una de esas personas que se lo cuentan todo a cualquiera sin importarles cómo afectará cierta revelación a quien figura en la historia?

Y no es que alguna vez haya hecho algo que podría demostrar que soy la discreción personificada. Cuento muchas cosas, es verdad. De hecho, gozo de la muy merecida fama de soltar mucha información que, en general, es considerada más bien íntima. Pero, aunque reconozco que tiendo a revelar más cosas que la mayoría de la gente, antes de contar algo que para otro tal vez sea un secreto, primero suelo informar a esa persona de mis intenciones. (¿Verdad que soy ética? He supuesto que lo valoraríais.)

Pueden tratar de persuadirme de que cambie lo que he escrito y refleje sus (evidentemente cobardes) recuerdos de la historia, o que sean aún más pusilánimes y exijan que los elimine por completo para evitar que su reputación y/o su vida quede destruida para siempre. No quiero hacer que nadie se sienta estúpido, ese es un privilegio que reservo para mí.

Porque, aparte de tergiversar la verdad acerca de si estaba borracha en cierto momento o si robé analgésicos del botiquín, no soy una mentirosa. Necesito que lo creáis, de lo contrario será mejor que dejéis de leer. Puede que los recuerdos difieran sobre los detalles menores, pero no creo que mis percepciones sean distorsionadas. Nadie jamás me ha dicho «eso no ocurrió» o «mis recuerdos de aquella noche no concuerdan con los tuyos en absoluto: esa noche no había pigmeos en nuestro grupo». Lo que quiero decir es que, si albergo la mínima duda de que algo ha sucedido, entonces no lo cuento. No merece la pena.

El balance final: no solo no soy una mentirosa, sino que ni siquiera exagero. Si acaso, me gusta suavizar las cosas un poco para que el conjunto no parezca un baile de travestis en Carnaval.

¿De vez en cuando quisiera que mi vida hubiese sido más sosegada, sabia y razonable? ¿Con pausas y bostezos? Por supuesto. Pero, entonces, ¿quién sería yo? Lo más probable es que a los diecinueve años

no hubiera vivido una aventura con mi coprotagonista casado y catorce años mayor que yo sin antes
haber mantenido una conversación normal y signi-
ficativa mientras ambos estábamos vestidos.

Además, si yo no lo escribo, otro lo hará. Alguien sin un conocimiento directo de la «situación».
Alguien que aguardará cobardemente hasta que yo
haya muerto para especular sobre lo ocurrido y hacerme quedar mal. Pues no.

Aunque nadie parece saber que nuestra aventura
ocurrió, o incluso que podría haber ocurrido, cuarenta años después he aquí la verdad, la banal, ro-
mántica, dulce e incómoda verdad. La verdad llamada «Carrison».

Empecé a rodar *La guerra de las galaxias* con la
ilusión de tener una aventura, de que la gente me
encontrase sofisticada y a la vez poco convencional,
alguien con pinta de haber estudiado en un interna-
do de Suiza con Anjelica Huston y haber aprendido
cuatro idiomas, incluido el portugués. Para esa clase
de persona, una aventura sería una experiencia totalmente adulta y previsible.

Sería mi primera aventura; en realidad, en la década de 1970 no era nada sorprendente para una
chica de diecinueve años. Pero yo no sabía qué había que hacer para que algo así sucediera. En aquel
tiempo siempre me anticipaba y procuraba ser quien
quería ser en vez de darme cuenta de quien ya era,

y casi siempre ese yo deseado se basaba en lo que otros parecían ser y en el deseo de causar en los demás un efecto similar al que ellos provocaban en mí.

Sabía que la relación con los hombres se me daría mal, lo cual en parte se debía a cómo era mi madre, con sus dos divorcios y uno más en camino. Ya estaba segura de ello a los quince o dieciséis años, y por eso debía demostrarlo. No era una percepción que resultase cómoda, pero la tenía, y todavía era lo bastante joven para que me considerasen precoz. ¡Era clarividente! Quizá no podía solucionarlo, o ni siquiera modificarlo un poco, ¡pero qué más daba! Sabía lo que me esperaba y no me molesté en compadecerme de mi futuro. Puede que no fuese estupendo, pero lo preví, lo nombré, lo reivindiqué e intenté fingir que era yo quien llevaba las riendas.

Pese a que entonces todo me resultaba nuevo, era vital parecer una suerte de despreocupada ciudadana de la parte hastiada del mundo: cuando tú vas, yo vengo, ya hice eso y más adelante incluso eso otro unas cuantas veces. Nadie podía pedir que hiciera mucho más.

Y por eso es indudable que cualquier hombre pudo haber supuesto fácilmente que yo ya tenía experiencia sexual, aunque no supiera en qué había consistido dicha experiencia. ¿Había sido agradable? ¿Un desastre? ¿Una sorpresa? ¿Una desilusión?

Hice lo que pude para parecer esa criatura irónica, divertida y desencantada, una chica a menudo parlanchina e incluso alocada, con escaso o ningún gusto para vestirse.

Hasta ese momento mi único novio había sido Simon Templeton. Un chico británico con el que había asistido a la escuela de arte dramático; salimos juntos durante casi un año antes de irnos a la cama, es decir, antes de practicar sexo. Pero lo hecho (o no hecho) con Simon, además de tontear con tres tíos heterosexuales y besar a tres gais, era la suma de la versión terrícola de mi experiencia sexual (y una excitante visión preliminar de lo que me depararía el mañana).

Evidentemente dediqué mucho tiempo a explorar el mundo de los juegos preliminares, pero casi siempre en la parte menos profunda de la piscina: en teoría, las más profundas me inquietaban bastante. ¿Y si me sumergía allí y después no podía volver? Incluso hoy ignoro qué me preocupaba del sexo. ¿Se trataba de que, una vez que renunciabas a tu virginidad, ahí terminaba la cosa, que nunca podías volver a ser virgen? ¿Jamás? ¿O tal vez se debía a que mi madre era conocida como Tammy? ¿Tammy, la chica exploradora, la última de las vírgenes, que me crio para que fuese una buena chica, bebiera mi vaso de leche y no fuera una perra barata que nadie querría comprar? ¿O se debía a mi padre, el olímpico entusiasta del sexo?

Tal vez la causa fuese la visión de la parte posterior de los testículos grises y arrugados de Harry Karl, mi primer padrastro, cuando se levantaba de la cama sin los pantalones del pijama para ir al baño por enésima vez. Unos testículos expuestos ante mi vista todas las noches de mi infancia y adolescencia. Si eso era lo que me deparaba el futuro —un facsímil de lo que un día tendría que sostener tiernamente en la mano—, me aferraría a mi presente libre de pene y testículos durante el mayor tiempo posible. Y esa posibilidad llegó a su fin cuando Simon y yo empezamos a salir.

Soy una persona con un gran deseo de ser popular. No solo quiero gustaros, quiero ser una de las personas que os hayan causado la mayor dicha del mundo. Quiero estallar en vuestra noche como los fuegos artificiales de Noche Vieja en Hong Kong.

Tener padres famosos no te garantiza la simpatía de tus compañeros de instituto. Lo descubrí un día, en noveno grado, cuando oí lo que decían dos chicas que caminaban detrás de mí por el pasillo del instituto. Una le susurró a la otra:

—¿Ves esa chica de ahí delante, la que lleva una diadema?

—Sí.

—Es la hija de Debbie Reynolds. —Hizo una pausa y añadió—: Se cree tan guay...

¡Correcto! Resultaba asombroso hasta qué punto había dado en el clavo. Yo me consideraba increíblemente guay.

Evidentemente, la mayoría de la gente quiere caerle bien a los demás, sobre todo si tienes en cuenta que la alternativa puede ser la soledad. Incluso los miembros más periféricos de la sociedad —los pandilleros, los miembros de un cartel de la droga, los asesinos en serie— quieren, a su manera, gustar. Puede que busquen ser admirados por su horroroso e impresionante talento, como eludir la justicia durante más tiempo que nadie mientras se dedican a su dudoso trabajo, o por el método único y llamativo de masacrar a sus víctimas. Es evidente que existen numerosas vías a las que recurrir en el voraz intento de ser amado.

Dado mi deseo de ser popular, interpretar el papel de «la otra mujer» —una destructora de hogares (o de un apartamento o un cobertizo)— no constituía uno de mis objetivos vitales. No creo poseer ningún rasgo de carácter a causa del cual me preste a participar en ese tipo de situaciones sórdidas.

Resulta difícil imaginar una infancia que te haga menos proclive al adulterio que la mía. Cuando nací, Eddie Fisher, el guapo cantante, y Debbie Reynolds, la bella actriz, eran conocidos como los «novios de América». La guapísima pareja y sus dos adorables bebés (mi hermano nació dieciséis meses después que yo) representaban el sueño americano hecho realidad, hasta que Eddie abandonó a Debbie por Elizabeth Taylor, la recientemente divorciada y bella actriz, quien, para empeorarlo todo un poquito más, era amiga de mi madre desde los lejanos tiempos en que estaban en la Metro Goldwyn Mayer. Para quienes son demasiados viejos para recordarlo o demasiado jóvenes para darle importancia, supuso el alimento enloquecido y febril de la prensa del corazón de mediados del siglo XX, y yo lo observé desde la primera fila.

A la avanzada edad de dieciocho meses, perdí a mi padre a manos de una adúltera. En el fondo, sabía que el único motivo que pudo tener para largarse era que yo había supuesto una inmensa desilusión, y no quería hacerle eso a otro niño. Así que resultaba obvio que si podía desilusionar a mi propio padre, si no lograba que me quisiera lo bastante para no largarse o, Dios no lo quisiera, visitarme más de un día al año... ¿cómo conseguiría que lo hiciera un hombre que no estaba obligado a amarme como un padre? (Eh, envidiosa compañera de clase, ¿ves lo guay que era?)

Mi primera lección importante fue descubrir qué se siente cuando alguien te es infiel y no sabes por qué, así que no había la menor posibilidad (¡cero!) de que yo siguiera esa malvada tradición de hacerle daño a una encantadora, inocente y desprevenida dama.

De modo que mi idea de tener una aventura durante el rodaje de esa película no incluía a hombres casados. (Es cierto que tampoco me planteé descartarlos.) Y cuando Harrison y yo nos conocimos, supe que entre nosotros no ocurriría nada romántico. Ni siquiera sería un problema. Allí fuera había un montón de solteros con los que podía salir sin necesidad de recurrir a un hombre casado. Además, era muy mayor para mí: ¡me llevaba casi quince años! Yo cumpliría veinte años al cabo de unos meses, y Harrison tenía treinta y tantos: ¡era viejo! En todo caso, bien entrado en la edad adulta. Además, él era un hombre y yo, una chica. Un macho como él debía estar con una mujer. Si se nos hubiese ocurrido ir juntos al baile de fin de curso, nadie se lo habría creído. «¿Qué está haciendo con esa? ¿Qué hace el capitán del equipo de fútbol y presidente del club de literatura guay con Monina Mejillasregordetas, esa que colecciona gnomos y está obsesionada con Cary Grant? Debe de ser un fallo de la máquina...»

Y encima Harrison tenía algo intimidante. En reposo, su cara parecía más ceñuda que otra cosa. Al instante, era obvio que no tenía el menor interés en gustarle a los demás, más bien en ponerlos nerviosos. Parecía importarle un bledo que lo miraran, así que uno observaba su indiferencia con avidez. Cualquiera que estuviese a su lado resultaba irrelevante, y no cabía duda de que yo era «cualquiera».

La primera vez que lo vi, sentado en la cantina del plató, recuerdo que pensé: «Ese tío será una estrella.» No solo una celebridad: una estrella de cine. Parecía un icono, como Humphrey Bogart o Spencer Tracy. Lo rodeaba una suerte de energía épica, como una multitud invisible.

Pongamos que paseas al atardecer, mientras piensas en tus asuntos (del mundo del espectáculo), rodeada de niebla, de una misteriosa niebla cinematográfica. De pronto te das cuenta de que caminas cada vez más lentamente porque a duras penas puedes ver más allá de unos centímetros. Y, entonces, de pronto, la niebla se desvanece lo bastante para que imagines que, muy poco a poco, comienzas a ver el contorno de un rostro. Y no de un rostro cualquiera, sino el de alguien que los pintores querrían pintar y que inspiraría a cualquier poeta. Un baladista irlandés compondría una canción destinada a ser cantada por los borrachos en los pubs de todo el Reino Unido. Un escultor sollozaría mientras esculpe la cicatriz de su mentón.

Un rostro atemporal. Y verlo sentado allí en el plató que lo presentaría al mundo como Han Solo, el más famoso de todos los famosos personajes que llegaría a interpretar... Vaya, estaba tan fuera de mi alcance... En comparación con él, yo casi no existía. Estábamos destinados a ocupar lugares distintos.

Por haberme criado en el mundo del espectáculo, sabía que había estrellas y ESTRELLAS. Había celebridades, presentadores de programas de entrevistas, imágenes de marca... y, después, estrellas de cine: personas con agentes y administradores y publicistas y asistentes y guardaespaldas, que recibían toneladas de cartas de admiradores, podían obtener financiación para una película y que no dejaban de aparecer en las portadas de las revistas. Sus rostros sonrientes y familiares te contemplaban, animándote a informarte sobre su vida personal, sus proyectos y lo mucho que parecían los más llanos de los terrícolas.

Harrison pertenecía a esa variedad épica de superestrella, y yo no. ¿Eso me amargaba? Pues no..., o no hasta el punto de que se notara.

Estaba en el último año de la adolescencia, solo hacía unas semanas que me había librado de mi idilio con Simon, mi compañero de la escuela de arte dramático, e interpretaba mi primer papel protagonista en una película. Era sumamente insegura; me daba la sensación de que no sabía qué estaba haciendo, y además tenía una buena razón: lo ignoraba todo acerca de casi todo.

Podía ser muy ingeniosa, pero no tenía ni idea de cómo emplear mi picardía, porque era lista, pero no una intelectual. Mi escasa formación era el resultado de haber abandonado el instituto para trabajar como corista en el espectáculo de mi madre en Broadway, y me sentía muy insegura. Era una lectora voraz, pero no tan erudita como me hubiese gustado, y precoz, pero seamos sinceros: cuando dejas atrás la adolescencia, ¿durante cuántos años pueden seguir considerándote precoz?

Las palabras se me daban bien y tenía talento para analizar las cosas y a las personas, pero solo lo bastante para divertir a los demás. O al menos eso fue lo que sentía entonces. Le decía a la gente que no era tan lista como creían, pero primero comprobaba que me consideraran inteligente. Sin embargo, como sabía que era insegura, me parecía inimaginable estar con alguien tan confiado. ¿Acaso Harrison basaba su elevada opinión sobre sí mismo en una evaluación perspicaz?

Todo resultaba muy desconcertante, pero lo único que sabía era que Harrison me ponía nerviosa. En su presencia me volvía torpe, se me trababa la lengua. Era sumamente desagradable, y ni siquiera un par de acertadas ocurrencias bastaban para superar esa sensación. Nos conocimos, chocamos contra una pared y ahí quedó la cosa; no parecía un reto, sino algo a evitar siempre que fuera posible. Estaba con él cuando ensayábamos escenas en las que participábamos los dos; de lo contrario procuraba evitarlo para no fastidiarlo, para no malgastar el tiempo que él podría haber dedicado a algo mejor, o al menos eso me parecía. Me sentía más cómoda saliendo con los demás miembros del reparto y el equipo, que eran más divertidos y menos inmunes a mis encantos.

Sin embargo, si cierro los ojos y rememoro el pasado, creo que al principio Harrison estaba sopesando la situación general, no necesariamente para tener una aventura, aunque tampoco para no tenerla. Al fin y al cabo, estábamos rodando en exteriores en Inglaterra, lejos de casa, y disfrutar de una pequeña y discreta aventura no era lo peor que él podía hacer sino casi lo que se esperaba que hiciera en semejantes circunstancias.

Así que mientras yo peinaba los alrededores en busca de una posible aventura, tal vez Harrison hiciera lo mismo.

En uno de los primeros viernes por la noche, una vez iniciado el rodaje, organizaron una fiesta para celebrar el trigésimo segundo cumpleaños de George Lucas. Se suponía que era una fiesta sorpresa, pero me sorprendería que él no lo hubiera imaginado, aunque con George nunca se sabía. Era una persona bastante inexpresiva, como Darth Vader, por ejemplo, o los robots, los soldados imperiales o los ewoks.

Como averiguaría más adelante (consternada), y a diferencia de otros directores, había algo que George jamás hacía: animarnos a «divertirnos». Y cuando otros directores lo hicieron, yo siempre tuve ganas de decir: «¿Es para eso para lo que estoy aquí? ¿Para divertirme? Estoy aquí para ganarme el sueldo, de vez en cuando utilizar un inoportuno deje británico y conseguir gustarles a personas que no me conocen.» La diversión era para más adelante —y en general inadecuada—, lo cual me devuelve a la fiesta sorpresa de George.

La celebración tuvo lugar en una sala de tamaño medio anexa a la cafetería de los estudios Elstree. Las paredes eran de un color amarillo sucio, aunque un huésped más miope y generoso hubiese dicho que eran de color mostaza. Gran parte de la multitud allí reunida estaba formada por miembros del equipo: operadores, electricistas, chóferes y demás personas que todos los días trabajaban en esa nueva y críptica película. Pensé: «Si logran que en la pantalla aparezca la mitad de lo que George escribió, la gente irá a verla. En cualquier caso, será una película extraña y guay. Yo iría a verla. En realidad, tendría que ir a verla de todos modos, pero no estarían obligados a arrastrarme.»

La cafetería era un lugar bastante grande y vacío: inescrutable, impasible, neutro, para que pudieras concentrarte en lo que estabas ingiriendo, ya fueran patatas fritas, zanahorias, apio o galletas saladas. Y a un lado de la mesa que ostentaba esos tentempiés poco excitantes se encontraba la meta de todos: otra mesa que hacía las veces de bar.

Como aún no había descubierto a George, traté de parecer lo más indiferente y displicente posible a medida que avanzaba lentamente hacia el bar, esbozando una sonrisa, con el fin de caerles bien a todos y de que no se preguntaran por qué me habían escogido precisamente a mí para interpretar a la más bien intimidante princesa.

—¡Hola! ¿Cómo estás?

«¿Cómo se llamaba ese tío?»

—Encantada de verte.

«Ay, no, ¿y ese quién es? ¿Cómo se llaman todos ellos?», me preguntaba a medida que me abría paso entre aquella multitud de rostros que veía todos los días. Claro que todos ellos sabían cómo me llamaba: mi nombre aparecía en la ficha de rodaje.

—¿Me sirves una Cola-Cola con hielo, por favor? En el vaso más grande que tengas. Ah, es verdad, estamos en Inglaterra, así que no hay hielo. Pues entonces que sea natural.

Y de pronto Harrison apareció en el vano de la puerta. ¡Parecía realmente encantado de estar allí! Pensé: «Tal vez suceda... Quizás esta sea la noche en que sonría.» Lo saludé con la mano al tiempo que bebía un sorbo de mi refresco, confiando en que no estuviera tibio como un pantano en verano. Harrison alzó la mano en un ademán que debía interpretarse como un saludo y empezó a abrirse paso entre el grupo de personas que iba aumentando por minutos, una fungosidad social, lenta y deliberadamente alimentada por el bar.

—¡Claro que te recuerdo! —exclamé, procurando tranquilizar a alguien a quien, una vez más, no recordaba—. ¡Sí! Lo estoy pasando en grande, ¿y tú? ¡Mira quién está aquí! —dije, saludando a otro—. Me preguntaba si vendrías. ¡De verdad! No, ya tengo una copa, se supone que esto lo es. El alcohol no es lo único que apaga la sed, lo que me desconcierta es el ingrediente que apaga los sentidos. Repítelo tres veces: que apaga los sentidos, que apaga los sentidos, que apaga los sentidos. No, de verdad, no puedo beber alcohol. Lo intenté, realmente hice un esfuerzo, pero soy alérgica a la bebida: me vuelve estúpida, me marea y me deja inconsciente con bastante rapidez, así que en realidad nunca me he emborrachado, solo perdí el sentido y quedé inerte. Me encanta esa palabra, ¿a ti, no? Inerte. El humo hacía que ese lugar anodino pareciera un pub a la hora del cierre. Lo único que faltaba era una mesa de billar. Tras un inicio un tanto tímido, todos empezaron a comprender que esa no era una amable celebración en honor a su jefe, quien prácticamente era un desconocido para ellos. Era una suerte de alegre accidente de tráfico que tenía lugar al final de la primera e intensa semana de rodaje. Tal vez ya fuéramos retrasados.

Muchos miembros del equipo se conocían de otros rodajes, y la filmación —excepto una breve excursión a Túnez— se realizaba en Inglaterra. No obligaba a la gente a desarraigarse y alojarse en un hotel remoto, barato pero confortable. La mayoría de ellos regresarían a su hogar al cabo de un día, una semana o un mes, se sentarían a su propia mesa, rodeados de sus familias, y sonreirían a sus cónyuges, que manifestarían un gran interés por su trabajo.

De hecho, ese era precisamente el tema del que hablaban.

—¿Verdad que esto no es lo que ninguno de los aquí presentes considera pasárselo bien en el trabajo? —dijo un miembro del equipo—. Todas las personas inteligentes con las que he trabajado preferirían encontrarse en un lugar cálido y alejado de aquí, por ejemplo, en la costa, donde los lugareños están listos para complacernos y fluye la cerveza.

—¿En casa? —intervino otro—. Después de trabajar todo el día en un oscuro plató esperando que suene la campana para poder hablar en voz alta..., que me jodan cinco veces hasta el viernes. Dame un bonito rodaje en exteriores y dinero para pagar un par de rondas en un bar cercano, donde no escaseen las tías desconocidas pero amistosas..., y esto no ha hecho más que empezar, ¿no es así, muchachos?

Mientras tanto, dos miembros del equipo —Terry y Roy, segundos ayudantes de dirección— empezaron a meterse conmigo.

—¡Mirad a quién tenemos aquí! ¡Si es nuestra pequeña princesa sin los rodetes!

Creo que su actitud respondía en parte a que era la única chica en esa fiesta y emborracharme sería muy divertido. Aunque fuese lo último que hicieran, conseguirían que bebiera un poco, o mucho, de esos licores que todos los demás estaban tragando. Se convirtió en uno de los principales atractivos de la noche —emborrachemos a Leia como una cuba—, y seguirles el juego habría sido una auténtica estupidez por mi parte, teniendo en cuenta que, sin duda, esa juerga incluiría a cuantos conocía allí: mis jefes, los productores y el propio homenajeado, el director.

Entonces se produjo una suerte de obscena interacción victoriana en lenguaje coloquial. Recordemos el uso que hacen los británicos de coloquialismos como «chocho» (rima con «mocho») y «coño» (rima con casi todo). ¿Cómo podrías cansarte de escuchar y/o interactuar con semejante pandilla?

Yo nunca pude. Me enamoré de Londres cuando entré en la escuela de arte dramático y jamás me desenamoré. Me encanta que sus habitantes estén tan estrechamente relacionados con su historia, que conserven sus edificios en lugar de derribarlos para construir otro gran edificio de color beige con montones de ventanas de las cuales arrojarte soltando un alarido. Adoro sus acentos, su tipo de cambio, su conducta amistosa, sus museos, sus parques (para los cuales necesitas una llave) y sus bebidas sin hielo. Si logro perdonarle a un lugar que el hielo no sea una prioridad vital, es por amor.

Todos nos juntamos y cantamos una espantosa versión del *Cumpleaños feliz*, y después Harrison empezó a charlar con George. Una vez más, me encontraba rodeada de una multitud de hombres heterosexuales que olían a sudor y vestían tejanos y camiseta. Daba igual que lo que rellenaba sus ordinarias camisetas fueran músculos o grasa: todos me parecían bastante atractivos, en parte porque muchos lo eran y en parte porque saltaba a la vista que yo les gustaba, aunque casi era una menor de edad. Pero, ¡reconoced mis méritos! No me limitaba a ser el único plato del menú: tenía diecinueve años y era muy mona. Ahora me doy cuenta, aunque si me lo hubieran preguntado entonces habría dicho que tenía la cara redonda y estaba gorda.

No dejaban de insistir en que bebiera algo, y al final mi yo complaciente tomó el mando y accedí a que un miembro del equipo me trajera una copa. Pedí un amaretto, que era lo único que bebía. Sabe a asqueroso jarabe para la tos —lo cual es una redundancia—, pero al menos sería un sabor conocido. Aunque no me dolía la garganta ni tenía tos, a lo mejor serviría para evitar esas dolencias. Un miembro del equipo de efectos especiales soltó un grito de aprobación por mi consentimiento.

—No entiendo cómo a alguien puede gustarle el alcohol —dije—. Parece óxido. Me deja perpleja la gente que bebe un sorbo de vino y lo saborea en vez de tragarlo de inmediato.

—También a mí —contestó él—. Bebo por el efecto; a la mierda con el sabor.

—Sí, pero de niña me parecía genial: gente de pie, con una copa en la mano, echando la cabeza hacia atrás y riendo como locos... No veía la hora de hacer lo mismo, de descubrir el secreto del alcohol que desencadena tanto jolgorio. Pero era una horrorosa mentira, y algún día alguien tendrá que pagar por ella.

—Mira, guapa —dijo el miembro del equipo que había regresado del bar—, por esto no tendrá que pagar nadie: es por gentileza de George Lucas.

Miré la copa que me tendía, pero en vez de amaretto descubrí que contenía algo que supuse que era vino. Fruncí el ceño.

—Lo siento, guapa, no tenían tu elegante bebida

dulce —dijo—. Pero esto debería tener el mismo efecto que el amaretto, solo que un poco mejor.

¿Por qué bebí? Quizá para demostrarles que, en mi caso, tomar alcohol era una pésima idea. Hice una mueca al probar ese líquido repugnante, y luego di otro sorbo y otro más. No pude centrarme en el sabor porque me eché a reír, como esos adultos que de niña había observado en las fiestas de mi madre.

—¿Recuerdas esa primera semana, cuando hicimos la escena del columpio? —pregunté.

—¿Qué columpio?

—¡Sí, hombre, cuando Mark y yo nos columpiamos cogidos de una cuerda desde esa especie de plataforma! ¡Sabes a qué me refiero!

Lo sabían. Pero a nadie le interesaba la historia, lo único que querían era que siguiese bebiendo, y eso hice. Rieron de lo que decía, daba igual lo que fuese, y aprecié sus risas y seguí por ese camino hasta que este se volvió cada vez más borroso. Ya nada parecía relevante. Lo más importante era que siguiéramos riendo y pasándolo bien.

No sé cuándo fui consciente de que varios miembros del equipo estaban organizando una especie de secuestro en broma, y que el objeto del mismo era yo. No lo recuerdo muy bien porque han transcurrido cuarenta años desde aquella fiesta sorpresa de George.

En cualquier caso, se trataba de un plan divertido: sacarme de la fiesta y llevarme allí donde los
miembros de los equipos de filmación llevan a las
jóvenes actrices cuando quieren liarse con ellas, al
menos por un rato, y no a los miembros del reparto
o a la gente de producción. El asunto no iba en serio; lo que le daba seriedad era lo corpulentos que
eran los hombres de las distintas facciones.

De pronto empezó a dolerme la cabeza. En realidad, no era que me doliese exactamente, sino una
sensación distinta de la habitual, y lo mencioné.

—Necesitas tomar el aire —dijo uno de ellos.

—¿No hay aire aquí dentro? —pregunté—. ¿Qué
hemos estado respirando, entonces?

—¡Eh! —exclamó alguien mientras algunos de
los tíos más simpáticos del grupo me conducían hacia una puerta.

Cuando estábamos a punto de cruzar esa puerta,
volví a oír la voz de antes. Una voz estadounidense,
no británica. Una voz yanqui.

—¿Adónde la lleváis?

—A ninguna parte. Solo necesita tomar el aire.

—Perdonadme, pero no parece muy consciente
de lo que quiere.

Entonces supe quién era: ¡Harrison! ¡Mi coprotagonista! ¿Qué estaba diciendo? ¿Que yo no sabía
lo que quería? Puede que fuese cierto, pero ¿desde
cuándo sabía lo que yo quería?

—¡Eh, Harrison! —lo saludé cuando se acercó—.
¿Dónde has estado?

Ignoraba qué pretendían aquellos golfos británicos. Imagino que no mucho, pero harían mucho ruido mientras no lo consiguieran, y de pronto Harrison estaba montando un gran espectáculo fingiendo que me rescataba de algo que solo puedo adivinar. (¿Por qué se tomaba la molestia?) El equipo tironeaba, Harrison los empujaba, y yo traté de concentrarme.

Pero también existía cierto peligro. No con una «P» mayúscula, pero esa palabra —ya sea con mayúscula o minúscula— encajaba en relación con la trifulca que parecía a punto de armarse. Lo que comenzó como una suerte de tira y afloja se transformó en una batalla más seria por la... ¿cómo definirlo?, ¿virginidad de una chica? No. ¡Por su «virtud»! Se estaba escenificando un duelo que involucraba a mi virtud empapada en vino, y aunque yo no tenía claro cómo acabaría, sentía cierto interés. Era un hecho.

Una vez que logré comprender quién estaba envuelto en ese tira y afloja, poco a poco detecté quién quería que resultara vencedor: mi coprotagonista, el contrabandista, el que tenía una cicatriz en el mentón, se sabía los diálogos de memoria y llevaba una pistola en el cinto..., no, en ese momento no, solo cuando interpretaba su papel. Sin embargo, me pareció que se insinuaba la presencia de la pistola, y el equipo también debió de percibirlo, pues tras un forcejeo demencial que dejó cojo a Harrison, este nos arrojó, a mí y a mi virtud, en el asiento trasero del coche que la productora ponía a su disposición y le gritó «¡Acelera, acelera!» al chófer. Nos largamos, brevemente seguidos a pie por un osado equipo de hombres estupendos.

Más o menos a mitad de camino entre Londres y Elstree, oí el sonido de una bocina. Es decir, por fin comprendí qué producía ese ruido persistente.

—¿Qué es eso? —pregunté presa del pánico, apartando el hombro de Harrison—. ¿Alguien está tocando la bocina?

—Mierda —murmuró él, echando un vistazo a través de la ventanilla trasera del coche—. Son Mark y Peter.

—¡Dios mío!

Empecé a incorporarme, pero él me detuvo con la mano y la voz.

—Arréglate el pelo.

Mi pelo, mi pelo, mi pelo..., en esa película siempre se trataba de mi pelo, tanto en la pantalla como en la vida real. Me agaché y procuré arreglarme el peinado, después me incorporé lentamente, temiendo lo que vería por la ventanilla. ¿Estarían armados? Es decir, ¿armados de una cámara y una expresión de sorpresa? ¿O...?

—Limítate a comportarte con normalidad —sugirió Harrison. Pero comportarme con normalidad me llevaría horas. Sonreí y saludé a los dos con la mano, que era lo más normal que podía hacer sin ayuda, un poco de valor y un sombrero—. Estaban detrás de nosotros, así que no pueden haber visto nada. Mientras observaba, un coche azul nos alcanzó por la derecha. Peter Kohn, un miembro del equipo, lo conducía, y a su izquierda, una chica guapa ocupaba el asiento del acompañante; era la actriz Koo Stark. Mark estaba sentado en el asiento trasero y se inclinaba hacia delante, entre Peter y la chica. Me saludó con la mano y una sonrisa alegre. Le devolví el saludo y le mostré los dientes.

Observé que Harrison bajaba la ventanilla del coche. Así era la Inglaterra prehistórica: las ventanas se bajaban con la mano, había que marcar los números en los teléfonos y los domingos por la noche todo cerraba a las once. Y cuando digo todo quiero decir «todo». Me parecía asombroso.

¡Además, no vendían pan de maíz ni la mayor parte de los cereales del desayuno, ni masa para crepes, ni judías pintas, ni beicon normal, mis alimentos básicos! ¿Cómo diablos sobrevivía allí la gente? Había miles de productos estadounidenses de lo más corrientes que en el Reino Unido no se conseguían; solo podías encontrar algunos en Fortnum & Mason, la tienda situada en Piccadilly. Yo lo sabía porque había vivido en Londres durante los últimos años. Pero los estadounidenses del reparto (Mark y Harrison) y el equipo (George, Gary, etcétera) estaban descubriéndolo.

Uno de esos estadounidenses era el antes mencionado Peter Kohn, que solía llevar un sombrero tejido y largos jerséis azules o color burdeos. Yo no sabía qué pintaba en *La guerra de las galaxias;* no parecía estar allí a título oficial, y no es que yo supiera qué significaba eso de «a título oficial», pero allí estábamos Peter, Koo Stark y las estrellas de la película, de camino al mismo restaurante.

El hecho de que Harrison y yo hubiéramos tonteado en el asiento trasero del coche durante el viaje de regreso a Londres no necesariamente significaba el prólogo de algo más elaborado. Aunque tal vez fuera el indicio de lo que ocurriría después. Hubo cierto besuqueo inesperado y preliminar: leer el rostro de otra persona con la boca y un dedicado entusiasmo, nadar con los labios entre su nariz y su mentón, cavar con la lengua en busca de tesoros enterrados en la boca del amado... ¡Un momento! Me parece que he encontrado un zafiro cerca del molar izquierdo. Pescar cara a cara pero sin el agua, las escamas y ese horrendo olor a pescado. Sin embargo, por otra parte...

Besar de ese modo no necesariamente era algo que yo deseara hacer habitualmente. Quizás una vez al mes, en circunstancias concretas, lo cual podía incluir el viaje del estudio a la ciudad. Pero tal vez fuera el zumbido del motor lo que nos llevó hasta allí.

Terminamos cenando con Mark, Peter y Koo Stark, cuyo trabajo en *La guerra de las galaxias* acabó de manera trágica en el suelo de la sala de montaje. En realidad, habría que evitar dejarse cosas (por ejemplo bolsos) en la casa de otra gente, así nadie tendría que preguntar en voz alta «¿Alguien sabe de quién es esto?», y desencadenar un coro de respuestas del tipo: «Creo que es de Koo.» Por muy guapa que Koo fuera (y siga siéndolo), ¿cómo evitar el ridículo cuando se referían a ella como «de Koo»?

Así que me hallaba en un restaurante de Londres y no podía dejar de pensar que Koo era mucho más guapa que yo. Parecía tan segura..., en parte gracias a su belleza, evidentemente. Me pregunté si estaría liada con Peter, algo más que probable, porque él también era muy atractivo. No tanto como Koo, pero tampoco era imprescindible, porque, como sin duda os habréis percatado, si tienes un pene y un empleo, ser guapo es una bonificación fantástica pero no una necesidad.

De modo que lo más probable era que Koo estuviese liada con Peter. Mark estaba solo, y en cuanto a Harrison... Harrison se iba convirtiendo rápidamente en mi prioridad. Demasiado pronto sería el centro de mi mundo descentrado y desfasado, algo sumamente patético, pero recordad que todo aquello no fue fruto de una ocurrencia mía. Fue idea de Harrison. Yo solo era una chica que pasaba por allí tratando de quemar el exceso de alcohol ingerido un rato antes. Cuando lo hiciese, tal vez lograría comprender qué había ocurrido en el coche con él, o más bien preguntarme si se repetiría. Y, en ese caso, ¿sería pronto? Una vez que la oferta estaba sobre la mesa, ¿permanecería allí o continuaría en la cama?

No recuerdo gran cosa de aquella cena, salvo lo cohibida que estaba y lo torpe y confusa que me sentía tras dos copas y media de alcohol, y ni siquiera de alta graduación, sino de ese suave, que te hace flotar, soltar risitas y decir vaguedades. Traté de hacer frente a esos incómodos efectos bebiendo grandes cantidades de Coca-Cola —mi elixir curativo, dulzón, con cafeína y burbujas—, segura de que espabilaría muy pronto.

Bebí varias reconstituyentes rondas de mi refresco e hice un gran esfuerzo por no mirar a Harrison. Porque, ¿qué pensaría si me descubría? ¿Que me gustaba? ¿De esa espantosa manera que era imposible de ocultar? Además, él tenía la culpa de todo, él fue quien había empezado a tontear en el asiento trasero del coche. Si lo hubieran dejado a mi libre albedrío, nunca se me habría ocurrido pensar que me gustaba. Pero ¿qué albedrío? ¿Cuánto tenía? ¿Hacía mucho que lo tenía? ¿Y si lo que yo suponía que era albedrío en realidad eran ilusiones? Por lo tanto, sería preciso preguntarse lo siguiente: «Si me estaba haciendo ilusiones, ¿habría sido capaz de convencerme a mí misma de que me había encaprichado de Harrison?»

A pesar de la Coca-Cola, aún me sentía un poco

borracha, y no estaba acostumbrada. Sabía lo que era estar colocada, alegre y con la mirada borrosa debido a los efectos de la marihuana... Sí, a eso no solo estaba acostumbrada sino que me acostumbraría cada vez más con el paso del tiempo. Bajo su efecto, de pronto me llamaban la atención algunos temas insospechados.

El alcohol era otro asunto. Una experiencia negra y lamentable de la que siempre me prometía a mí misma (y/o a cualquiera que me escuchase) que jamás repetiría. Y, sin embargo, había vuelto a hacerlo.

Sentada a nuestra mesa, supuse que podía mirar a Harrison en caso de que él dijera algo, pero me crecería el pelo esperando a que ocurriese algo tan improbable.

Falso. Esa noche habló más que nunca. Narró historias sobre el día en que nos convocaron muy temprano —algo habitual, como he dicho— y al llegar la tarde aún no nos habían llamado al plató para rodar una escena.

—No me molesta demasiado que me hagan esperar —dijo Mark mientras echaba queso rallado en su plato de pasta—. No me gusta, desde luego, pero hay formas de no aburrirse.

—¿Ah, sí? —dijo Harrison con voz cansina—. ¿Cuáles? ¿Poner la correspondencia al día o aprender a tocar la cítara?

Escuché con atención. Todo dependía de que lograse participar en esa conversación al tiempo que procuraba fingir de la mejor manera posible que no le daba la menor importancia.

—Pagaría muchos dólares duramente ganados por verte tocar la cítara —dije con timidez, deseando causar una buena impresión.

Harrison me lanzó una breve mirada desde el otro lado de la mesa y se acarició el mentón mientras reflexionaba sobre mis palabras. Apretó los labios, entornó los ojos y preguntó:

—¿Cuánto?

Aguardó mi respuesta con expresión tranquila y cómplice; no sonreía, pero tampoco dejaba de hacerlo. Por debajo de la mesa tiré de un pellejo de mi pulgar y lo arranqué, repentinamente confusa. ¿De qué estábamos hablando? ¿Por qué me miraba así? ¿Tenía comida en la cara? Contemplé a los demás comensales y comprobé que todos me observaban. ¿Por qué? ¡Seguro que tenía comida en la cara! Me restregué las comisuras de la boca con la mano, en la que vi una pequeña mancha de sangre.

—¿Cuánto para qué? —pregunté en tono lastimero—. Estoy un poco perdida. ¿A qué escena te refieres?

Parecía estar suplicando, no por mi vida necesariamente, sino por vivirla con nobleza, como un poeta en un porche.

Los otros dos soltaron una carcajada. Harrison no rio, pero daba la sensación de que lo habría hecho si hubiera sido de otra pasta. Entonces lo recordé, al menos en parte.

—¡Para que toques la cítara! ¡Te pagaré para que toques la cítara!

—¿Ahora mismo?

—¡Sí!

Fue la primera vez que reí; en realidad, todos lo hicimos. Tal vez a partir de ese momento todo saliera bien. ¡Seguro! ¡Era una señal! Todo empezó y terminó con la cítara. Y también algo más: iría a casa con Harrison. Hasta ese momento no había estado segura de qué podía pasar si eso ocurría. Sabía que jamás sería una buena idea, pero tampoco era tan mala. Quiero decir que, pese a lo extraño y lo gruñón que se mostraba, no era una mala persona. O era malo y bueno, como la mayoría. Una buena persona que de vez en cuando hacía cosas malas o una mala persona que también hacía cosas buenas: cuando dos personas están involucradas la una con la otra, se harán cosas buenas y malas. Sobre todo si hay dinero de por medio (y perros pequeños).

Todos nos peleamos por pagar la cuenta, conscientes de que en algún nivel oscuro y a la vez risueño quienes pagarían serían aquellos bendecidos con una buena provisión de semen. Koo y yo fingimos un agradecimiento empalagoso frente al gallardo sacrificio de los shekels duramente ganados por los caballeros mientras nos levantábamos, abandonábamos el restaurante y nos preparábamos para los estupendos acontecimientos que sin duda nos aguardaban a todos.

Mi estado solo me permitía atender las indicaciones, siempre y cuando alguien me las diera, pero quizás había interpretado incorrectamente la situación: ¿acaso estaba siguiendo una pista que solo existía en mi mente alterada por el alcohol? Sin embargo, la borrachera se me estaba pasando y la probabilidad de que estuviera malinterpretando señales se reducía con cada minuto que permanecíamos en la acera ante el pequeño restaurante italiano al que había logrado sobrevivir.

Soplaba una fresca y agradable brisa. Estábamos de pie bajo la tímida luz de una farola, arrastrando los pies, comprobando la hora en nuestros relojes de pulsera, encendiendo cigarrillos o mirando a un lado y a otro en busca de un taxi.

—Yo vivo en Chelsea —dijo Mark.

—¿Así que al final optaste por quedarte en ese lugar? —comentó Peter, asintiendo sabiamente con la cabeza.

Mark se encogió de hombros.

—Al final me dije: ¿por qué no? Las vistas son magníficas, la cocina es fantástica... Sí, ya sé que hay barrios mejores, pero... —Hizo una pausa y volvió a encogerse de hombros—. No tiene más que un dormitorio.

Harrison arrojó su Camel sin apenas haberlo fumado y tosió.

—¡Bien! —dijo, dirigiéndose a todos. Después me miró y añadió—: Puedo dejarte en tu casa: me queda de paso.

Me cogió del brazo y me condujo hacia Piccadilly Circus.

—¡Buenas noches! —logré decir mientras Harrison me arrastraba por la calle y me alejaba de ellos.

Fue un milagro que no tropezara, no como en una especie de nacimiento virginal ni nada por el estilo, aunque casi lo creí. Seguimos caminando en silencio durante unos minutos mientras pensaba qué comentario hacer para parecer alguien, una mujer incluso, que sabía qué estaba haciendo —o a quien no le importaba lo que hacía—, porque, allí donde fuera, solo la seguirían los mejores. Prestarían atención a todas sus palabras como si de cordiales acosadores se tratara, así que ¿por qué Harrison no iba a querer estar con ella? Ojalá lo sintiera y se le ocurriera preguntarle algo más, aparte de qué estaban haciendo, adónde iban y por qué. ¿La invitaría al baile de fin de curso y la cubriría de besos?

Bien, ella lo amaba, ¿verdad? No hubiese osado hacerlo antes de aquel momento en el asiento trasero del coche, pero entonces...

—¿Dónde vives? —preguntó él, sobresaltándome, ahí de pie junto al mismísimo rey, Han Solo, y todos los personajes que interpretaría en el futuro.

Y después estaba yo, «embarazada» de todos mis futuros personajes: una peluquera vengativa, una suegra hostil, una flautista adúltera, una psicóloga, una escritora drogadicta, una actriz que les roba los novios a las demás, una directora de reparto ham-

brienta de chicos, yo misma, una esposa infiel, una
jefa cabreada, yo misma, yo misma, yo misma y un
par de monjas. Harrison me cogió del codo y nos metió a todas en el asiento trasero de un taxi.

—¿Dónde vives?

—¿Que dónde vivo? —dije, parpadeando.

—¿Adónde vamos, chicos? —El chófer metió la
primera y el taxi arrancó—. También puedo llevaros
a dar un paseo, es vuestro dinero.

Harrison asintió con la cabeza e hizo girar el dedo
índice para indicarle que se diese prisa.

—Muy bien —dije—. A Esmond Court, a la altura de Kensington High Street.

—Perfecto, señorita. Estaremos allí en un peri-
quete —dijo el taxista con su acento *cockney* del este
de Londres, como el de Dick Van Dyke, el mismo
que tanto me hubiera gustado tener—. Eso está detrás de Barkers, ¿no?

Estaba a punto de contestar cuando Harrison me
arrastró hacia atrás, cada vez más cerca de él, cara a
cara, hasta que nos convertimos en dos rostros con
cuatro ojos y una sola boca, como si ensayáramos
esos besos que nos daríamos un año y medio después en *Episodio V: El imperio contraataca...* Por lo
visto, queríamos adelantarnos a ello. La gente cree
que los actores solo se besan en las escenas de amor,
pero no saben que los realmente buenos dedican años
a prepararlas. Y toda esa práctica se nota, pero no
es necesario que me creáis solo porque yo lo digo.
Echadle un vistazo a esos besos de *El imperio con-*

traataca. ¿Lo veis? Fueron ensayados a conciencia, y os prometo que en esas escenas no hubo necesidad de usar efectos especiales. Eran los primeros días y las primeras noches de la Fuerza.

—¡Hemos llegado, chicos! ¡Esmond Court! —exclamó el taxista, tirando del freno de mano—. Serán cinco libras y diez chelines, por favor.

Harrison sacó su vieja cartera de cuero marrón del bolsillo trasero del pantalón. Yo recogí mi bolso del suelo y dije:

—Podría...

Harrison me miró indicando que la frase que acababa de iniciar no sería bienvenida. Puede que me sonrojara hasta las orejas, y entonces —reconozco que tardíamente— se me ocurrió pensar que él no se se estaba limitando a acompañarme a casa, sino que probablemente pasara la noche conmigo. ¿Y si él...? ¿Y si nosotros...? ¿Y entonces...? ¡Dios mío! Entonces se marcharía y de repente me dejaría con esa nueva sensación de ser una perdida... Leia jamás se vería envuelta en una situación como esa...

En realidad, probablemente, sí, aunque no hasta que rodaran las secuelas. Pero ¿y si se metía en el asiento trasero de un taxi con un actor contrabandista y casado? En tal caso no se dejaría llevar así, sin más, como una hoja flotando en el río. ¡De eso nada! Se le ocurriría algo un poco más original..., tal vez no muy poético, pero... ¿Por qué era yo tan obediente? ¿Qué haría Leia? Es evidente que no seguiría el ejemplo de Jesús, porque cuando se trata de salir con alguien es inútil imitar a Jesús. ¿Y acaso era eso lo que estábamos haciendo? ¿Saliendo? Ay, Leia, ¿dónde estás cuando te necesito? Ay, Jesús, si me estás observando, no permitas que mi barriga parezca abultada, por favor.

—Hasta luego, amigo —dijo el taxista cuando Harrison le pagó.

Luego arrancó y nos dejó allí plantados.

—¿Quieres subir? —pregunté.

Era una pregunta absurda. Tuvo que hacer un esfuerzo para no echarse a reír.

—Por supuesto —respondió.

Metí la mano en el bolso en busca de las llaves. Leia las encontró y lo condujo hasta su apartamento, y Carrie pasó lo que quedaba de la noche rodando secuelas con su futuro esposo cinematográfico. ¿Cómo acabaría todo? ¿Acabaría? Y ¿cómo quedaría yo cuando acabara?

Me cuesta recordar los detalles exactos de aquel fin de semana, y aun cuando pudiera, ¿de qué estaríamos hablando? ¿De porno blando para fans de la ciencia ficción? Si no recuerdo lo que ocurrió ayer o esta misma noche, cuando puse a buen recaudo mis tarjetas de crédito..., pero que me aspen si no sé qué significa «a buen recaudo».

Lo que sí que recuerdo de ese fin de semana es lo que no ocurrió. Sé que no hablamos sobre nada profundo, así que si no charlamos ni jugamos al *Mono-*

poly, entonces debimos de dedicarnos a una actividad más corporal: largas caminatas, submarinismo, cosas por el estilo.

Pero ¿por qué ser recatada y discreta? Pues ya sabéis, pasamos la noche juntos: construimos una fortaleza de almohadas después de pelearnos con ellas, luego llamamos a su madre, quien le dio permiso para que se quedara a dormir, pero no podíamos acostarnos muy tarde porque el lunes teníamos clase y además actuábamos en la obra de teatro de la escuela. Lo único que recuerdo después de que él me siguiera hasta el apartamento y encendiera la luz del pasillo, es que yo iba a mostrarle mi pequeño piso, solo que entonces no nos acariciábamos en un coche en movimiento conducido por un espectador cómplice. Volvíamos a ensayar nuestro morreo cinematográfico.

No logré oscurecer la habitación lo bastante; incluso con las luces apagadas quería apagarlas. No deseaba que él me reconociera de las películas: «¿Tú no actuabas en esa escena que rodamos hoy? ¿No te conozco de Cloud City?»

En realidad, ya habíamos hablado con nuestras propias palabras y bromeado con las de George, y ahora explorábamos los límites de la acción muda, memorizando nuestras caras con nuestras bocas. Si esa mañana, cuando mi cama estaba siendo usada con fines distintos de los cotidianos, me hubierais dicho que..., vaya, si no hubiese sabido que *La guerra de las galaxias* se convertiría en semejante éxito, ¿cómo podría haber previsto que sus dos protagonistas terminarían juntos en la cama?

No creo que, en general, las personas se sientan seguras de sí mismas. Si lo hacen..., bueno, cuando el resultado es que se muestran arrogantes, se debe a que han juzgado mal la situación. En su mayoría, las personas hacen algunas cosas bien y esperan que esas cosas compensen las que hacen mal.

¿Por qué os cuento esto? En parte porque, debido a mi inseguridad y mi falta de experiencia, estaba paralizada. Aterrada de decir algo que tal vez hiciera que Harrison me dejara en esa estacada que hasta entonces había sido el apartamento de Riggs. Una diminuta parte de mí misma se sentía como si hubiera ganado la lotería de los hombres y estuviera contando y gastando el dinero a espuertas. Nos sentíamos bien en nuestra mutua compañía. Abusamos de nuestra suerte —primero de la mía, después de la suya y luego de la nuestra—, hasta que allanamos el camino y lo único posible fue entrar en contacto y traspasarnos mutuamente hasta deslizarnos al otro lado.

Miré a Harrison. Era tan guapo... No, era más que guapo: parecía capaz de encabezar una carga de la caballería, conquistar la colina, ganar el duelo, ser el líder de un mundo sin gluten, y todo eso sin derramar una gota de sudor. Un rostro de héroe —varios mechones de pelo le caían sobre su frente noble y ligeramente ceñuda— que observaba el horizonte en busca de ejércitos indígenas, una mirada de preocupación, tan sumida en sus pensamientos que podías perderte en ella y tardar días en abrirte paso hasta el exterior. Pero ¿por qué huir? Porque no representaba castigo alguno extraviarse en un lugar lleno de tanto ingenio y tantas ideas. ¡Espera un segundo! Comparte las riquezas. Dale el rostro a un hombre y guarda la mente para otro, y será más que suficiente para ambos. ¡Pero no! Ese era el máximo ejemplo del exceso. ¿Cómo pedirle a un hombre tan esplendoroso que se conformara con alguien como yo? ¡No! ¡No me lo digas! ¡Porque la realidad es que se conformó! Aun cuando solo fue brevemente, resultó más que suficiente: con el tiempo, el intento de dar la talla, de estar a la altura, sería agotador. Yo era una chica afortunada, pero sin la autoestima para sentirlo o los recursos para disfrutar el momento y después soltar amarras. Solo fui capaz de recordarlo cuarenta años más tarde con la mirada divertida, agradecida y los ojos para nada hinchados.

Bastará con decir que sobrevivimos, ¡y cómo! A estas alturas resulta difícil saber cuán cerca estábamos el uno del otro y si esa clase de proximidad guardaba relación con la de alguien tan parecido a mi pareja espacial: el que me dirigía una sonrisa irónica al tiempo que aceleraba hasta alcanzar la velocidad de la luz (mientras que yo no requería ninguna clase de ayuda).

Tras dejar atrás nuestra afable ordalía, Harrison se durmió y yo intenté imitarlo. Era realmente guapo... Le perdoné que no me amara como yo esperaba... y casi me perdoné a mí misma por esperar que lo hiciese. Traté de seguirlo al país de los sueños, y al no lograrlo me quedé respirando junto a él en la oscuridad, preguntándome qué estaría soñando y confiando en que, si lograba dormirme, despertaría antes que él por la mañana. Quizás entonces se me daría mejor hablarle: me sentiría menos intimidada, tanto cuando actuaba como cuando no.

Hay algunas cosas que aún considero privadas. Asombroso, ¿verdad? Uno podría pensar, sin esforzarse demasiado, que he puesto todas mis acciones a disposición de todo el mundo. Pero el sexo es algo privado. Puede que ese sea uno de los motivos por los cuales lo practicamos desnudos (en general). Las prendas que te quitas indican una situación que no pondré en palabras, ya que si aquellas no la disfrazan, no esperéis que lo hagan estas.

De modo que, al narrar lo ocurrido entre Harrison Ford y yo aquel fatídico viernes por la noche de mayo de 1976, elimino los detalles con una discreción y unos escrúpulos insólitos en mí, y evito compartir algo que no sea una información general o descriptiva. Eso también se aplica a lo que sucedió entre ambos los siguientes viernes a unas horas intempestivas, pues era entonces cuando pasábamos el tiempo juntos, cuando él se quedaba a dormir en mi apartamento o yo en el suyo. Claro que los días posteriores a esas noches también estuvimos juntos. Creo recordar que él leía el periódico mientras yo... fingía hacer algo.

Más allá de las cuestiones privadas, apenas recuerdo el tiempo que compartimos durante nuestro primer fin de semana. No sabía cómo sobreviviría a los cinco días de rodaje que siguieron: transcurrieron con una lentitud insoportable porque ambos estábamos obligados a comportarnos en el plató como si el fin de semana anterior no hubiera existido. La intimidad estaba prohibida entre semana, y no se trata de que uno de los dos lo hiciera explícito. Nos limitamos a intuir que pasaríamos ese tiempo tratándonos como si ese primer fin de semana no hubiera existido, ni los siguientes.

Sé que el verbo «salir con» se emplea para describir a dos personas que pasan cierto tiempo juntas; pues bien, lo cierto es que Harrison y yo no dedicamos mucho tiempo a «salir».

En cambio, íbamos a nuestros respectivos apartamentos. Recuerdo que pasábamos la mayor parte de nuestros fines de semana en mi piso de Esmond Court, pero quizá sea lo que sucede cuando mi memoria se traslada a la década de 1970. Sé que quería estar con él allí, y no en su apartamento.

Prefería que Harrison se quedara a dormir en mi piso porque —como me lo había prestado un amigo mío— era más agradable que el suyo. Lo siento, pero lo era. Todos recibíamos dinero para gastos durante el rodaje, alrededor de quinientos dólares semanales, y, mientras que yo procedía de una familia rica (aunque recientemente empobrecida) y podría haberme permitido alquilar un apartamento más bonito que el de Riggs, Harrison tenía una esposa y dos hijos, de manera que para mantenerlos vivía en el alojamiento más modesto que la productora podía proporcionarle. Así que cuando se trataba de pasar el tiempo juntos, la mejor opción estaba más que clara.

Por otra parte, en una de las raras ocasiones en las que nos quedamos a dormir en su apartamento, Mark y Peter, su ubicuo amigo, se presentaron sin previo aviso. Eran las once de la mañana y mi presencia seguramente resultaría extraña. Estaba claro que no había pasado a tomar un *brunch,* pues no había ni bollos ni huevos, y tampoco parecía que estuviésemos repasando el guion. Tras abrirle la puerta a Mark, Harrison regresó a la mesa, se sentó frente a mí, me cogió la mano y, en tono solemne, dijo: «Nos hemos prometido.» Aquello suponía ocultarse a la vista de todos, burlarse de la posibilidad de que pasara algo, y, por lo tanto, no podía ser verdad, una técnica que todavía me gusta emplear en el presente.

Sin embargo, también sé que no se me daba bien expresar con claridad lo que quería de Harrison. Con mi encanto era capaz de conseguir cuanto me proponía, y funcionaba con todos, menos con él. Así lo escribí en mi diario durante el rodaje de *La guerra de las galaxias.* Lo encontré hace poco, mientras ampliaba mi habitación. Estaba revisando las numerosas cajas almacenadas bajo las tablas del suelo cuando encontré tres cuadernos que había escrito en aquel momento épico... cuadernos que olvidé muy pronto. Y también olvidé que, en cierto sentido, evitaron que perdiera el juicio. Al leerlos me sorprendieron: eran muy personales, y fue entonces cuando pensé en publicarlos. (Quizá lo haga. ¿Qué opináis vosotros?)

Escribí aquel diario por dos razones, la primera es que escribo desde los doce años. Plasmar algo en una página, donde ya no puede hacerme daño, parece calmarme de un modo que me recuerda aquel refrán según el cual «mejor una casa vacía que un inquilino desdichado». Y no es que escribir en mi cuaderno me ayudara a vaciar mi mente —como algunos podrían argumentar—, pero me sentía agradecida por poder librarme del exceso de peso.

La segunda razón por la cual lo escribí era que no podía hablarle a Harrison. Básicamente acerca de nada, pero sobre todo de «nosotros», si es que algo así existía. No solo no podía conversar con él, sino que, al constituir nuestros fines de semana juntos un secreto, se transformó en algo que convenía callar y comentar únicamente con un boli en la mano y el diario abierto en la mesa. No podía contarle a nadie mi relación con Harrison porque él estaba casado. Y no conmigo.

Por lo tanto, quizá resultase incómodo hablarle a alguien de lo nuestro, porque esa persona tal vez se lo contara a otra, y esa otra a otra, hasta que al final llegaría a oídos de la mujer de Harrison, cuya reacción no sería precisamente buena. Y nadie deseaba eso. No es que Harrison y yo hubiésemos hablado de evitarlo, sino que ambos lo dábamos por supuesto.

Creo que esa es la clase de acuerdo que uno alcanza, verbalmente o de otro modo, cuando tiene una aventura con alguien que está casado, a menos que este te diga que en su caso no sucede eso, su mujer no lo comprende y por eso quiere abandonarla para estar contigo. O, de hecho, conmigo. Pero allí nadie le estaba diciendo a nadie que se sentía incomprendido, de modo que nadie dejaría a nadie. Fin de la historia.

Todo lo que yo sabía sobre los acuerdos que puedes establecer con los hombres casados era a través del cine o los libros. Nunca había tenido una aventura de ese tipo. Apenas llegué a acuerdos con un soltero. Y desde entonces nunca he vuelto a estar con uno casado. Como quizá ya he mencionado, en realidad solo tuve una relación antes de estar con Harrison.

No obstante, no se enteró de inmediato. Lo único que sabía era... básicamente nada anterior a nuestro fabulosamente romántico, inolvidable y apasionado primer fin de semana. Sí que sabía cosas generales, de esas que uno escribe en un formulario: el nombre, los padres, los hermanos, los amigos, las escuelas a las que había asistido. Además de anécdotas cuya finalidad consistía en hacerme quedar bien. ¡Historias divertidas! ¡Qué divertida era yo! ¿Era también igual de despreocupada e irresistible?

Lo que yo no sabía era que quizás Harrison estuviese escuchando lo que yo decía, sobre todo acerca de los hombres. ¡Para enterarse de cualquier detalle que confirmara que yo era una chica asequible y experimentada! Puede que siguiese esas pistas con el fin de llegar a la conclusión que le interesaba. O la que finalmente alcanzó de todos modos: que estaría bien llevarme a su casa o llevarme a mi casa y quedarse. Y punto.

Durante toda la semana de rodaje de *La guerra de las galaxias* aguardé en vano que Harrison me diera una señal de que (a) habíamos estado juntos (¿o acaso yo lo había imaginado?) y/o (b) si había ocurrido, ¿volvería a repetirse de algún modo, desde pasar otro fin de semana sin apenas hablar hasta finalmente casarnos (tras un prudente periodo de tiempo después de su eventual y sencillo divorcio)? Estoy segura de que en nuestras respectivas listas de prioridades durante el rodaje, yo debía de ocupar el lugar número quince en la de Harrison, mientras que él figuraba en el número uno en la mía. Así fue como logré sobrevivir desde aquel primer fin de semana hasta el segundo. ¿Compartiríamos otro fin de semana monosilábico o me tocaría pasar el siguiente sábado y domingo prácticamente sola, preguntán-

carrie fisher

dome qué había hecho para alejarlo de mi lado? ¿Cómo era posible, si apenas habíamos estado juntos, y en cualquier caso lo bastante cerca como para que se obsesionase conmigo? Pero el hecho es que pasamos otro fin de semana juntos. Nos encontramos en el pub North Star, situado en St. John's Wood, entre Elstree y el centro de Londres.

Estoy segura de que escogí ese lugar porque era el pub al que solía ir cuando asistía a la escuela de arte dramático. Había abandonado los estudios hacía meses para interpretar el papel protagonista en una fantasía espacial titulada *La guerra de las galaxias*. Y mi vida había cambiado tanto, que me parecía que habían pasado décadas desde mi última visita al North Star. Ya no era una alumna de arte dramático que interpretaba a Shakespeare y a Ibsen y salía con un compañero de estudios, sino una actriz real que trabajaba en una película que se desarrollaba en una galaxia muy muy lejana. Una fantasía espacial. Perfecto. Y entonces tenía una aventura con el coprotagonista de la película, tal como supuestamente quería —pero sin comprender lo que ello significaba—, de modo que allí estaba, en un pub londinense tomando una copa con él después de un día de rodaje.

Ya he mencionado que Harrison no era muy hablador, así que mientras estábamos sentados en el pub contuve el aliento sin darme cuenta —de hecho, lo hice varias veces—, intentando decidir qué diría y qué callaría durante la velada. Con todo, ya sabía que no revelaría gran cosa; me mostraría tranquila y sucinta, haría preguntas sesudas y escucharía atentamente sus respuestas. De ese modo, esa noche Harrison descubriría otra de mis numerosas cualidades y revisaría las opiniones menos positivas que (obviamente de forma prematura) se había formado acerca de mí. Se preguntaría dónde había estado yo durante toda su vida, y luego, presa de la perplejidad y la ironía, recordaría que durante gran parte de ella yo aún no estaba en este mundo. Lo importante era que al menos ya me había conocido. Se recordaría a sí mismo que debía compensar durante el resto de nuestra vida todo ese tiempo perdido. Pero de momento no pensábamos en compensar nada, puesto que apenas habíamos pasado tiempo juntos.

Lo que en realidad ocurrió fue que Harrison y yo empezamos a beber, y en cierto momento dije:

—¿Quieres ver cómo te imito?

Harrison no caminaba, se pavoneaba, un poco como John Wayne pero a cámara lenta. Dispuesta a imitarlo, me oculté tras una esquina y reaparecí, andando como él y metiéndome en el siguiente embrollo. Me había convertido en él, el desencantado Harrison Ford, capaz, si se lo proponía, de dominar cuanto alcanzaba con la vista. Miré alrededor esbozando una sonrisa irónica, y como si el lugar en el que casualmente me encontraba fuese un antro penoso lleno de pobres farsantes y presumidos aspirantes a actor que por desgracia no despertaban el mínimo interés ni en mí ni en él.

Todavía no había mirado a Harrison para comprobar el efecto de mi interpretación: estaba demasiado ocupada en parecer indiferente e impaciente con cuanto me rodeaba. Ya me ocuparía de él cuando llegara el momento. Por cierto, ¿qué clase de inepto había decorado el local en que me encontraba? ¿Decorado? ¡Más bien profanado! Era un milagro que los ojos no me dolieran a causa de lo que algunos denominan decoración... ¿O debería decir aberración?

Mientras seguía interpretando el monólogo interior de Harrison tal como yo lo imaginaba, por fin deslicé una mirada cansina por su rostro y vi que reía con esa risa dura y silenciosa que reservaba para expresar el auténtico entusiasmo. Casi cuarenta años después, aún lo considero uno de los momentos más importantes de mi vida. De mi vida «amorosa».

Intenté que mi sensación de alivio no interfiriera en mi imitación y volví a observar la desolada sala, pero no tenía la intención de prolongar mi interpretación. ¿Por qué tentar a la suerte? Eso podía provocar un cambio: si mi imitación de mi coprotagonista como un engreído y petulante salía bien, Harrison abandonaría a su mujer, de manera inesperada pero con amabilidad y responsabilidad, y, tras un tiempo prudencial, se casaría conmigo (de un modo elegante, nada sentimental) y después dejaríamos atónitos a todos, incluido a nosotros mismos, permaneciendo juntos el resto de nuestras vidas. ¡Y todo porque una noche me atreví a imitarlo en un pub! Fue entonces cuando comprendió que yo era la única persona con la que se sentía cómodo... o, en cualquier caso, incómodo pero aceptando que el mundo era una desilusión permanente. Me acerqué a él, me detuve a su lado y volví a mirarlo.

Para mi absoluta sorpresa, vi que aún reía, y eso casi hizo que yo riese también. Sin embargo, logré mantener mi interpretación estirando los labios al máximo y componiendo lo que parecía una sonrisa, pero resultó ser una pausa entre una expresión ceñuda y mi habitual mueca irónica. Recuerdo claramente que esa parte de mi interpretación fue la que más lo divirtió.

Nada podía convencerme de que nuestro pequeño escarceo era mucho más que eso: un idilio estival sin idilio... o sin verano. Así que al provocar esa reacción asombrosamente entusiasta de su parte, el peligro era que ahora yo pretendiese hacerlo reír como un ser humano en las siguientes veladas. Ya era bastante desastroso que lo estuviese haciendo esa noche. «Por favor, Dios mío, no dejes que también quiera alentarlo a convertirse en el plató en una especie de Risitas.»

Hubiese sido genial, ¿verdad?, dedicar mi vida a hacer que Han Solo riera mientras atravesaba un campo de asteroides, que se desternillara al contemplar a su ridículamente peludo copiloto wookie y babeara ante unos cuantos discretos mynocks.

No, Harrison no estaba en este planeta para que yo le provocara ataques de risa. Debía controlar el impulso de divertirlo, sobre todo para que nadie intuyera que éramos algo más que compañeros de reparto. Tal vez para él no fuese mucho más que eso, pero yo no era tan afortunada.

Hombres...

Si nunca hubiera provocado su codiciada risa, jamás habría sabido lo que me perdía (solo que me perdía algo más, aparte de que no fuera soltero, accesible o cálido). Habría sido incapaz de imaginar su risa sin reservas y no habría sabido disfrutar de la asombrosa sensación de estar con alguien y sentir que le gustas. Ya sabéis: de esa forma permanente, como cuando dices: «Tenemos que seguir viéndonos.»

Fue la primera vez que me pareció que le gustaba. No porque quisiera acostarse conmigo o porque no hubiera a mano nadie más apropiado. Yo le gustaba, lo había hecho reír, lo había imitado (una representación solo para él, a pesar de que temía su reacción), ¡y había funcionado! Corre un riesgo, recoge un premio... o toma prestado el premio de otra mientras dure el rodaje y confía en que la situación no sea demasiado embarazosa cuando ruedes las secuelas.

Una vez que Harrison hubo recuperado su ser paranormal, nos quedamos sentados, sonriéndonos, aguardando a que el otro... ¿qué? ¡Di algo, di algo!

—Hago imitaciones —afirmé, encogiéndome de hombros—. Pero no creo que sean muy adecuadas en este contexto.

Encendió un cigarrillo, yo me apresuré a coger uno mío y dejar que lo encendiera con otra cerilla, sin mirarlo a los ojos.

—Imito a Judy Garland —añadí—, pero no creo que te gustara.

—¿Por qué?

—Es una imitación bastante ruidosa, e incluye un baile y mucho maquillaje.

Asintió con la cabeza y se quitó una hebra de tabaco de la punta de la lengua.

—¿Hay alguna menos ruidosa, como la mía?

Reflexioné un momento, intentando encontrar una respuesta cómica. ¿Qué debía decir? «¡Hazlo reír! ¡Por Dios, intenta gustarle! Si lo consigues todo será perfecto, o casi.» Pero no se me ocurrió ningún comentario capaz de provocar de nuevo su deslumbrante sonrisa. «Soy una imbécil, siempre lo he sido y siempre lo seré. Me detesta y cree que soy aburrida y estúpida.»

—Podría hacer una imitación de mi novio universitario. Era supertranquilo.

¿«Súper»? ¿Quién dice «súper» y sigue con vida? Yo no, desde luego.

—¿Ah, sí? —dijo Harrison, enarcando las cejas.

—Sí, bueno, tal vez todos los novios sean tranquilos. —¡Los novios, no! Harrison no era mi novio y jamás lo sería. ¡Arregla eso!—. Bueno, en realidad no sé si todos los novios lo son. Simon ha sido mi único novio. Y ahora no estoy buscando...

De pronto, Harrison palideció y la preocupación asomó a su rostro un tanto ceñudo.

—¿Qué quieres decir con tu «único novio»? —preguntó.

Parpadeé. ¿Qué había hecho mal? Luché por encontrar las palabras.

—¿Y qué pasa con todos esos tíos de los que me hablaste? Ese tal Rob, el fotógrafo, y Fred, y Buck y...

—¿Fred? —dije, frunciendo el ceño—. No me acosté con él, solo lo conozco. ¡Tú también lo conoces! ¿Significa que te acostaste con él? —Sin esperar una respuesta, y en tono un tanto indignado, añadí—: No me acuesto con todos los hombres que conozco o menciono en una conversación. ¡Si crees que me he ido a la cama con todos los hombres que aparecen en una de mis historias debes de pensar que soy una zorra! Y por lo visto te ha parecido bien.

—¿El qué me ha parecido bien?

—¡Follarte a la zorra de tu coprotagonista! ¡Yo!

—¡De acuerdo! ¡Basta! —exclamó.

—De acuerdo —gruñí, y me puse de morros—. Pero calla tú también.

(Es una versión muy suavizada de lo que sucedió, quizá con menos palabras y a un volumen mucho menor.)

Harrison mantenía la vista fija en el suelo alfombrado. ¿Por qué se había disgustado tanto? ¿Por qué quería que me hubiera acostado con cada propietario de un pene que mencionaba en mis conversaciones? Pareció desilusionarlo muchísimo el que yo fuera tan inexperta, hasta el punto que pensé en confesar que había dejado que Buck me tocara los pechos después de la fiesta por el final del rodaje de *Shampoo* (por lo que me sentí fatal durante días). Pero en su lugar, guardé silencio y contemplé el perfil de su rostro repentinamente serio en busca de pistas que me indicaran por qué el que solo hubiese estado con Simon y con él era tan malo. (Vale, me acosté una vez con Griffin en Las Vegas, pero eso no contaba porque era un amigo y nunca volvimos a hacerlo.)

Creía que a los hombres les gustaba que fueses inexperta. ¿O eso solo ocurría en la época victoriana? En cierta ocasión me dijeron que algunos pagaban por desvirgar a una chica, ¿no? Y no se trataba de que Harrison me hubiese desvirgado (como si fuera posible desvirgar a alguien «solo un poco»). En ese caso, ¿estaba insinuando que, tal vez, en el proceso de desfloración él había golpeado un pétalo? ¿Qué se suponía que yo debía hacer al respecto? ¿Cómo podía convertirlo en el Harrison risueño de hacía unos instantes? Pero, con la confusión que vino después, ese momento parecía haber ocurrido hacía semanas... ¿Algún día llegaría a perdonarme que no fuera sexualmente...? ¿Qué? ¿Sofisticada? ¿Experimentada? ¿Una chica de diecinueve años que, a pesar de soltar muchos tacos, resultó que no era la profesional, la prostituta ni la zorra ninfómana que parecía?

Solo décadas más tarde se me ocurrió pensar que tal vez lo que perturbó a Harrison fue la posibilidad de que después tuviera que cargar con algo parecido a la responsabilidad, que de algún modo sentía que había recibido un regalo indeseado e inesperado.

Bueno, todos sabemos lo que ocurrió después de eso... Poco a poco, nos enamoramos cada vez más profundamente (él más que yo, por motivos obvios). Fue una auténtica sorpresa para ambos cuando esa noche me cogió la mano y, entre sollozos, reconoció que si bien quería mucho a su mujer, hacía bastante tiempo que estaban distanciados. Así que al conocerme supo que yo era la persona con la que quería pasar el resto de su vida, tanto pública como privada. Que era su alma gemela y lo comprendía de un modo que él nunca había creído posible. Tuvo que dejar de hablar. El llanto se lo impedía y las lágrimas resbalaban por su rostro viril. Se sonó la nariz con la mano, se restregó esta en la camisa y susurró:

—El destino nos reunió en el espacio, pero nosotros nos reuniremos en la Tierra. Ya sea en Saturno o en South Kensington, hazme el honor de ser la compañera con la que compartir mi vida.

A continuación, deslizó el anillo en mi dedo, ese anillo que nunca me quito salvo cuando me depilo los nudillos, un anillo de oro incrustado de diamantes que forman el nombre que ideó: «Carrison.» (También lo usamos como contraseña de la puerta del hogar que compartimos en Londres, en St. John's Wood, cerca del pub North Star; así siempre estamos a pocos pasos del lugar donde descubrimos la pasión compartida, una pasión que continúa en secreto durante nuestras actuales y envidiables vidas.)

¿Cómo describiros esa breve pausa de tres meses en el desagradable clima en la tierra sin sentimientos? Por desgracia, soy incapaz de hacerlo. Y no se debe a la pérdida de memoria que suele aparecer con los años, aunque ese es un factor evidente. Hablo de la pérdida de memoria causada por el hecho de fumar marihuana, aunque en este caso no fue su consumo prolongado lo que me quitó esos recuerdos, sino el consumo durante tres meses de la fortísima hierba que a Harrison le gustaba. Eso es lo que ha aplastado bajo sus crueles botas todos los recuerdos vividos.

En aquel entonces, el porro eliminaba todas mis certezas cuando estaba con Harrison y las convertía en una paranoia tan intensa que me dejaba sin aliento. Lo que recuerdo de los escombros de mis neuronas es la incomodidad que sentía al despertar y al dormirme, mientras trataba de decir algo que no fuera «¿me amas?» o «¿por qué estás conmigo?» o «¿te has aprendido los diálogos de la semana que viene?» o «¿quieres otra cerveza?» o «¿cómo te hiciste esa cicatriz en el mentón?». Dicho sea de paso: creo que la respuesta a esa pregunta incluye las frases «el ácido», «chica con pecas» y «este corte en el mentón me lo hice cuando mi cabeza golpeó contra la taza del váter». Pero es más que probable que me equivoque.

También dudo que realmente dijese gran parte de todo eso, pero sé que él me contaba la historia tendido de espaldas en el sofá del apartamento de Riggs. Y que si dijo algo de todo eso, se lo inventó.

Si bien se ha especulado mucho sobre mi consumo de drogas durante el rodaje de *La guerra de las galaxias*, lo cierto es que en esa primera película solo fumé la marihuana de Harrison, y en esos fines de semana. Después la dejé por imposible: su efecto era tan intenso y absorbente que jamás volví a consumir esa droga.

De hecho, no recuerdo qué era lo que entonces me resultaba tan bochornoso recordar. Durante tres meses. De la celebración a la borrachera, de las citas secretas al enamoramiento, a la imitación, a la indignación... Ese fue mi trimestre de aventura llamado «Carrison».

• • •

El primero en terminar de rodar fue Harrison. Mis últimas escenas se filmarían dos semanas después, de modo que decidí regresar a Los Ángeles para tomarme un descanso y acabé volando hasta allí con él. Como no era yo quien organizaba los viajes sino la productora, no había modo de asegurarnos asientos contiguos. Y, sin embargo, nos sentamos juntos durante las catorce horas que duró el vuelo. En clase turista.

No sé si le gustó ese detalle, pues él no mostraba sus sentimientos y yo no lo registré en mis diarios, pero acabamos hablando. De todos modos, aunque no recuerde nuestra conversación durante el viaje, sí sé que fue lo bastante bondadoso para permitir que yo diera puerta a nuestro doble episodio cinematográfico, tanto dentro como fuera de la pantalla, y sin remordimientos. Lo cual suponía un giro considerable, teniendo en cuenta todos esos silenciosos fines de semana.

—Soy una paleta —recuerdo que le dije.

—No —contestó Harrison—. Te subestimas. Si acaso, eres una paleta lista. —Y añadió—: Tienes los ojos de una cierva y las pelotas de un samurái.

Eso fue lo único que me dijo en todo ese tiempo que pudiera revelar que existía cierta intimidad entre nosotros, y fue suficiente. No solo porque debía serlo, sino porque imagino lo mucho que tuvo que costarle abandonar su estilo. Nunca más volvimos a admitir que algo así había ocurrido.

P or cierto: no dejo de mencionar esos diarios. Los que escribí durante el rodaje de *La guerra de las galaxias*, los diarios que había olvidado y que encontré hace poco tiempo. A estas alturas sois todo oídos. O más bien, ojos. Ha llegado la hora de la revelación.

st leave
ou.
ont
judgemen
abulary
ing

this
a way
eachother
indicating
were unabli
to articulate

just foo
you knew all along
oolish and worthless
here, you just hoped
if you crouched dow
und yourself enough
y wouldn't see it. Bu
ne day when your gua
is off duty you see th
ll. you both catch y
ou at yourself. catc
behaving. and t
nt. No. you
Better

Notas de su periferia, o la mártir con mucha labia

Nunca podrían llamarme rajada
Decido lo correcto y lo llevo a cabo
Aunque acabe siendo un error
Me subasto a mí misma al menor postor
A la de una, a la de dos
Vendido
Vendida al hombre por el precio del
    desdén
Algunas se venden por una canción
Yo no me merezco siquiera un estribillo.

Supongo que todo iba demasiado bien
Si no tenía cuidado muy pronto sería feliz
El cielo no es un lugar adecuado para
    alguien que prospera en el infierno,
Que prefiere el freno a una cuchara
    de plata.
Entonces, justo cuando me había
    resignado a ganar
Cuando parecía que mi brillante futuro
    nunca se apagaría
Cuando parecía que mi suerte no hacía
    más que empezar
Lo conocí a él.

. . .

Malhumorado y desdeñoso; un auténtico
hombre Marlboro
Del tipo que derrama la cerveza y se come
la lata
Un tío alto de mirada lasciva
Alguien con quien puedes contar que
desaprobará o desaparecerá.
Advirtió de inmediato que era todo
un hallazgo
Sabía que para ser bondadoso era
imprescindible ser cruel
Por eso nunca he conocido el hombre más
bondadoso
Me sentí inútil de nuevo y regresaron
Mis antiguas punzadas de remordimiento
Volvía a ser la de siempre, perdida
y confusa
Reunida con esa vieja sensación
De ser malinterpretada y maltratada.

Vendida al hombre por el precio del
desdén
Todo esto sería interesante
Si no fuese tan mundano.

Él es como una fantasía. Quizá su rasgo más atractivo sea lo inevitable de su huida. Se somete a los silencios sin luchar; yo me hundo encogiéndome de hombros y suspirando, finalmente superada por el puro peso de la pausa-convertida-en-intervalo-convertida-en-modo-de-vida. El silencio habla en voz más alta que las palabras: grita «¡ABURRIDO!». Él es aburrido e intenta que, más que un accidente, parezca una decisión. Los silencios hacen que mi compostura acabe por descomponerse desde dentro.

Me pregunto cómo será él del revés. A menudo suponemos que cuando la superficie ofrece tan escasa profundidad debe de ser insondable. Lo inaccesible ha de merecer necesariamente la pena. Lo odio, a él y a sus silencios, pero adoro la desaprobación implícita, la jerarquía, la severidad, el desdén, el «tipo fuerte y silencioso».

Silencios aterradores y horrendos. Ocultándose tras el amaneramiento y el silencio, acurrucado detrás de sí mismo. Cigarrillos sin filtro, cerveza, tías y camisas de leñador. Tanto silencio por descifrar. No solo debes leer entre líneas, sino que has de rellenarlo por completo. Porque él no está allí. Convertirlo en alguien importante en tu vida exige una gran imaginación.

Por desgracia, la mía nunca sabe cuándo abandonar.

Durante los largos periodos de silencio puedes estudiarlo y finalmente rellenarlo para que encaje con lo que te gusta y lo que te disgusta. (La satisfacción de la propia fantasía.) Yo lo he rellenado para que sea inalcanzable, indiferente y atractivo, y para que esté aburrido de mi compañía. Mi pareja ideal. Alguien a quien soportar, nunca del que disfrutar. Estoy totalmente a su merced. Sufro a través de sus silencios, imaginando que él está sufriendo mi presencia, que me limito a ser una opción porque no tiene nada mejor que hacer. Me asusta el poder sobre mí que le he otorgado y del que casi con toda seguridad abusará solo por no ser totalmente consciente de que lo tiene.

Así que adopta su apática cara de póquer mientras yo practico mi mirada irónica y cómplice en algún lugar de su periferia. No me atrevo a escoger un tema por si no es lo bastante gracioso o interesante para su imponente juicio. Con sus silencios, se postula como una suerte de público cautivo, y por eso me devano los sesos para enfrentarme al inmenso reto de entretenerlo. A veces es muy cómico a causa de su áspero sentido del humor, pero solo se interpreta a sí mismo a tiempo parcial. Yo, en cambio, trabajo de sol a sol: es evidente que no he oído hablar de las leyes que regulan el trabajo infantil. La verdad, sin embargo, es que no he aceptado del todo que ya no soy una niña. Cuando lo haga, tendré que aceptar la responsabilidad de mis actos.

No sentimos nada el uno por el otro. Ambos permanecemos enterrados juntos durante la noche y nos rondamos de día, representando algo que no sentimos y desengañándonos de algo que no merece nuestra concentración. Nunca he hecho nada parecido a esto.

Permanezco pacientemente sentada, esperando las consecuencias. Hablo, camino, como y duermo esperando pacientemente las consecuencias. ¿Cómo puede terminar algo que no parece estar ocurriendo? George dice que, si observas a la persona que escoges para tener «una relación», verás lo que piensas de ti misma. De modo que Harrison es lo que pienso de mí misma. Casi no es una relación; sin embargo, él es una elección. Examiné todas las opciones y escogí la más probable: nada de inversiones emocionales, nada de amor... Solo la obsesión. Para amar a alguien, tiene que quedarse quieto; mis opciones siempre están huyendo.

No puedo seguir pensando en ello, me da dolor de cabeza. Mi mente trabaja horas extras en un intento de racionalizarlo, clasificarlo, definirlo hasta que pierda todo significado. Ponerlo en palabras: no sentirlas. Creo que si pudiera darle un nombre a lo que siento, desaparecería.

Encontrar la palabra que describe ese sentimiento y repetirla una y otra vez hasta que solo sea un sonido.

Esa vieja y conocida sensación de desesperación. Esa vaga sensación de desesperación; luchar por no perder algo antes de decidir qué tienes. Un día debería agradecerle que me haya enseñado a ser despreocupada. Sé que me falta experiencia, pero con el tiempo creo que aprendería a comportarme como si quisiera estar en otro lugar, incluso lograr que parezca que estoy en otro lugar. Puedo mostrarme encantadora y conseguir que otros hagan lo que quiero, pero con él no lo consigo. Resulta difícil seducir a los buitres, a menos que te estés pudriendo bajo el sol del mediodía. Pudriéndote despreocupadamente... un cadáver con mucha labia.

Lamento que no sea Mark: podría haber sido él. Debería haber sido él, tal vez hubiese significado algo. Quizá no mucho, pero sin duda más.

Esta es una situación absolutamente irreal, pero es la única realidad que tengo. Llamo por teléfono a mis amigos en un intento de recuperar mi antigua perspectiva de todo-a-cien, pero por mucho que hablamos y hurgamos no logro asimilar nada. En realidad, no sé qué siento acerca de todo esto. Es importante decidir si está bien o mal, pero, como siempre, he parecido juzgarme con los estándares y opiniones de otros: no tengo una moral personal a la que recurrir. Siempre he contado con la bondad de los extraños, los conocidos, los amigos, los parientes y Tennessee Williams para ayudarme a superar las circunstancias. No obstante, estoy bastante segura de que, si tuviera principios, lo que estoy haciendo ahora los violaría casi todos.

Sospecho que pase lo que pase dejaré que me haga daño, que me carcoma las entrañas, por así decirlo, porque así será. Como siempre. ¿Por qué soy tan accesible? ¿Por qué me entrego a personas que siempre serán extrañas y deberían seguir siéndolo? Toda mi vida he confiado en la crueldad de los extraños, y ahora debo dejar de hacerlo. Soy una necia. Necesito tomarme unas vacaciones de mí misma. No se me da muy bien últimamente.

¿Quién quieres que crean que eres? ¿Cómo crees que te ven los demás? ¿O acaso no dejas que se acerquen lo bastante para verte? Tú decides por ellos. ¿Piensas que logras convencerlos de que eres lo que pareces? Obligas a las personas a encontrarse contigo en tu propio terreno. No las ayudas, dejas que se enreden con sus palabras y después te sientes mejor, sientes que tienes más poder y eso hace que aumente tu autoestima. Tienes el poder de ofenderlas y, si te lo permiten, incluso de que se sientan incómodas y estúpidas... estúpidas por permitir que tu actitud las afecte. ¿Quieres caerles bien? ¿O eres una de esas personas «a las que no les importa lo que piensan los demás»? Tú no estás viviendo su vida por ellas, así que... ¿por qué habría de importarte lo que piensan los demás? Haces que las personas se acerquen a ti y, cuando finalmente lo consigues, las castigas con tu suficiencia. Nunca haces nada que no encaje con tu naturaleza.

Quisiera que me amaras más, para que yo pudiese amarte menos.
—*Yo no*

El hombre sentado solo, tan silencioso
  y fuerte
¿Qué importa que te atraigan todos
  los motivos equivocados?
¿Qué importa si tu razonamiento
  es erróneo?
Llamas misterio a su indiferencia
Llamas intelecto a su arrogancia
Lo único que tienes para perder es
  tu corazón
Y un poco de amor propio.
Si posees arrogancia e indiferencia
Puedes aprovecharlas
Son el producto más comercial
Del mercado romántico actual.

¿Qué crees que pienso de ti? ¿Qué crees que siento por ti? ¿Cuán sofisticada crees que soy? Esa no es una pregunta justa porque ignoro cómo contestarla. Me sobreestimé. Creí que podía juntarme con los chicos mayores, los adultos. Esos que hacen preguntas como si ya supieran las respuestas. Los que jamás se delatan. Los que no tienen *souvenirs* emocionales.

¿Qué me está ocurriendo? ¿Quién diablos soy? ¿Por qué me he liado despreocupadamente con alguien a quien, si soy realmente sincera conmigo misma, no quiero, y que no me quiere? Y encima está casado.

Debo descifrar este asunto de una vez por todas, esta pauta que me lleva a obsesionarme por hombres inaccesibles. Creo que a estas alturas casi he arrasado con todo, lo he agotado. Primero eran hombres homosexuales, ya establecidos en su inaccesibilidad antes de que yo apareciera, y aunque a causa de esto no podía tomármelo como algo personal, me dejaba cierto mal sabor en la boca. El sabor del desinterés y el abandono. A partir de entonces nunca estaba satisfecha, siempre quería más. Por así decirlo. Empecé por picar la inaccesibilidad de varios gilipollas silenciosos, y con el tiempo lo convertí en una comida completa. Ahora ya tengo más que suficiente. Quiero la cuenta. ¡Camarero!

racias por los buenos momentos. Gracias por ser tan generoso con todo lo que te has reservado. Gracias por ser un traidor, la espina clavada, el dolor en el culo, el cuchillo clavado en mi espalda, gracias por hacerme una jugarreta y por ser la mosca en la sopa. Mi corazón de Aquiles. Atrapada sin ancla en medio de un remolino, relajándome y hundiéndome tranquilamente por una de las numerosas últimas veces.

Debo aprender algo de mis errores, en lugar de establecer un nuevo récord. Tal vez dejar de tontear con todas esas personas y enamorarme de una silla. Tendría todo aquello que ofrece la actual situación y menos, que es lo que obviamente necesito. Menos realimentación emocional e intelectual, menos tibieza, menos aprobación, menos paciencia y menos reacción. Cuanto menos, mejor.

Las sillas. Siempre están ahí cuando las necesitas y, aunque su permanencia implica una devoción total, son capaces de permanecer distantes, evasivas e insensibles. Inamovibles y leales. Fiables y no consoladoras. Las sillas son lo que necesito. Debo amueblar mi corazón con sentimientos hacia los muebles.

Pero con estas personas nunca se sabe. Puede que no quieran hacerte daño, que incluso les caigas bien, y eso sería lo peor, porque, ¿qué puedes hacer con esa clase de personas, excepto decepcionarlas inevitablemente?

Tener a alguien como tú es muy peligroso, porque tarde o temprano descubrirás que no soy la persona que pensabas. Un día acabarás teniendo una única cosa en común conmigo: una sensación de desprecio y de asco, que ambos compartiremos.

Claro que siempre supiste lo necia e inútil que eras, solo confiaste en que si te acurrucabas detrás de ti misma, él no lo vería. Pero un día, cuando bajas la guardia, adviertes que lo ve. Ambos te descubren, tú y él. Te descubren actuando, y entonces estás perdida. No: siempre estuviste perdida.

No me ofrezcas amor
Busco indiferencia y rechazo
La ternura me pone la piel de gallina
La comprensión es abominable
Cuando me ofreces dicha
Ofreces demasiada
Mi ideal es un anhelo prolongado
Por alguien a quien no alcanzo a tocar
   del todo

nadie más que yo puede rescatarme. Ahora soy la única capaz de hacerlo. Pero no sé cómo ayudarme. Lo cual quizá signifique que no quiero ayudarme, que quiero drenar toda esperanza, lo que me dejará seca pero también a salvo, sin nada que perder. En el punto en el que las cosas solo pueden mejorar, si dejo que lo hagan.

No puedo concentrarme en las cosas buenas. Hay un montón a mi alrededor, pero no me fío de ellas. No me sirven, no tengo tiempo para dedicárselo, estoy demasiado ocupada con mi preciado pánico. Al parecer, exige toda mi atención, mi propia colección de pánico privado y personal.

Necesito escribir, me mantiene concentrada durante el tiempo suficiente para completar un pensamiento. Dejar que cada hilo de mis pensamientos llegue a su propia conclusión y permita que comience uno nuevo. Me ayuda a seguir pensando. Temo que si dejo de escribir, dejaré de pensar y empezaré a sentir. Cuando siento, no puedo concentrarme; intento convertir los sentimientos en pensamientos o en palabras, pero el resultado siempre termina en afirmaciones generales. Jerga adolescente sembrada de selecciones al azar de un vocabulario bastante vistoso. Un vocabulario tipo Frederick's de Hollywood. Ojalá pudiera dejarme en paz a mí misma. Ojalá sintiera que por fin me he castigado lo bastante, que merezco unas vacaciones pese a toda mi mala conducta. Perdonarme, arrastrarme fuera del potro del tormento donde soy tanto el torturador como la torturada.

me fío de todo el mundo. No tengo un yo privado, reservado específicamente para ciertas personas fiables. Me fío y desconfío de cualquiera. He dado toda la vuelta, pero esta vez, al regresar de nuevo al cero, soy capaz de representar el error con mayor destreza. Estoy a punto de convertirme en una perdedora muy talentosa. Una especialista, una que acabará con todos los perdedores. Con un don para fracasar. Lo hago con estilo y elegancia.

Estoy recurriendo a mis reservas físicas y mentales. Escogiendo y reuniendo cuidadosamente todos los ingredientes de mi receta para la perdición. Histeria casera recién preparada por mi mente y lista para servir. Tormento para llevar. Nunca debo volver a meterme en una situación que me haga sentir tan sórdida.

Una mano tras otra camino de la cima
Tan temerosa de volver a caer hasta
  el principio
Deseando que el abismo fuese más
  profundo

La felicidad te hace señas
Bajo el disfraz del dinero y la fama
Un día todo puede ser tuyo
Fanfarroneando con un nombre

Ser uno de los rostros conocidos
Llevar la voz cantante y llamar a todos
  por su nombre de pila
Ese es tu deseo
Pero debes ascender mucho más
A lo largo de la escalera
Entonces nada tendrá importancia
Estarás preparada
En la cima del mundo
Es allí donde quieres estar

El pan de cada día
Como Ajax o Abbe Lane
Una reputación merecida

Una explosión que mantener
¡Míralo! Allí va, señores, cada vez
  a mayor altura
Con la esperanza de escapar de la
  anónima sartén
Y alcanzar el fuego hollywoodiense

No fue fácil alcanzar ese compromiso
Se trataba de ti o de mí y te elegí a ti
Aunque a diferencia de Joker hablabas en
    acertijos muy irónicos
Podría haberte dado tanto pero tú querías
    tan poco
Creí que me proporcionarías un poco
    de la ternura de la que carezco
Pero entre todo lo que te ofrecí optaste
    por quitarme el aliento
Y ahora quiero recuperarlo

Nunca obtuve lo que deseaba porque
    jamás quise lo que tenía
Creí que eras diferente, más bello que
    la mayoría y el doble de malo
Intransigente y cáustico, un tanto corto
    y a veces bueno
Como hablabas muy poco intenté leer
    entre tus líneas
Y finalmente te otorgué más méritos
    de los que merecías
Verás: creí que solo estaba viendo medio
    hombre
Pero eso era todo lo que eras

Me quitaste el aliento
Me quitaste el aliento
Me quitaste el aliento
Y ahora quiero recuperarlo

*úl*timamente estoy más cerca de la que quiero ser cuando estoy sola. Cuando estoy con otros, oigo mi voz y solo me pregunto quién soy y cuál es mi papel en todo este asunto. Me disperso delante de los otros. Devalúo mi valor por estar tan disponible ante cualquier transeúnte que atraviese al azar el punto de mira de mi concentración. Si alguien está al alcance del oído, me voy de la lengua.

Esta droga me ha colocado en el ojo del huracán. ¿O es un tornado? Sea lo que sea, tanta sobreabundancia climática pone en peligro todo cuanto vale de verdad. Si solo lograra tener una idea fija de mí misma, no me vería constantemente obligada a recurrir a los demás, a intentar anticiparme a ellos, a tratar de convencerlos de mi propia idea de mí misma. A confiar en que, si creen que soy esa, entonces quizá yo también sea capaz de creerlo. Pero cuando lo creen, cuando parecen convencidos de que soy quien parezco ser —e incluso lo aprueban—, inevitablemente siento que los he engañado. Que deben de ser bastante crédulos como para tragarse mis interpretaciones.

Mi pánico es cada vez mayor, también mi sensación de aislamiento e inutilidad. Y, al parecer, no existe ningún otro sentido que merezca la pena mencionar. Estar dentro de mi cabeza no tiene nada de atractivo. Es un lugar agradable de visitar, pero no quiero vivir ahí dentro. Está demasiado concurrido, hay demasiadas trampas y escollos. Estoy harta de ello. La misma persona de siempre, día tras día. Me gustaría intentar otra cosa. Traté de ordenar mi mente, archivarlo todo y convertirlo en pequeños y prolijos pensamientos, pero solo conseguí que estuviera cada vez más llena. Mi mente tiene voluntad propia. Procuro definir mis límites viendo hasta dónde puedo llegar, y he descubierto que los dejé atrás hace semanas. Debo encontrar el camino de vuelta.

eja de interpretar el papel de mártir con mucha labia, solo tratas de convertir cianuro en Seven Up. Hablo de mí misma en segunda persona, como si me refiriera a un hijo mío o una nueva serie de televisión. Hablo de mí a mis espaldas. Hablo de mi vida privada y de mí como si estuviera chismorreando acerca de ello. Finjo ser barata y me vendo por poco dinero. Me transformo en un serial. Soy la versión de «Psicología hoy» de la revista *Mad*. Un desperdicio.

Esto es lo que dijo él: «Las personas se adaptan a ti. No te preocupes, no puedes cambiar lo que piensan de ti y, por la misma razón, lo que piensan de ti no puede cambiarte. Te quedas sentada pacientemente, esperando esa temida pero ansiada desaprobación. Temes parecer necia o pretenciosa. Te abalanzas sobre cuanto dices armada con una pinza y tironeas de ello hasta que no recuerdas exactamente qué dijiste, en qué contexto, incluso si realmente lo dijiste y si alguien te ha escuchado. Y lo mucho que te importa la opinión de los demás. ¿Es que sus antecedentes mentales son tan impresionantes que te hacen situarte por detrás de su mirada, considerarte detestable y/o aburrida, y que te importe?»

¿Por qué tengo tanta prisa por averiguar qué piensa la gente de mí? Incluso me tomé la molestia de interpretarme de un modo exagerado a fin de apresurar su decisión. Les brindo uno de mis resúmenes breves (o no tan breves) de los que pueden sacar conclusiones. Depende del tiempo y de la energía que tenga, y, según eso, después me desprendo de algunas partes de mí misma. Debo evitar pensar que es romántico ser una neurótica, que ser una neurótica equivale a ser complicada e intelectual. Profunda, orgullosa de que me vea sumida en un abismo de desesperación, una chica neurótica, complicada y un tanto intelectual que también es alocada, estrafalaria y atolondrada, cuya presencia resulta imprescindible en un velatorio.

Debo ser quien soy y los demás han de adaptarse. No trates de apresurar la decisión o de influir en ella. No dejes que lo que crees que piensan de ti haga que te detengas y cuestiones cuanto eres, pues, con toda seguridad, entre tus diversos yoes descubrirás que no solo existen las suficientes razones a tu favor para seguir adelante, sino también para «llevarte lejos». ¡Incluso tal vez hasta Alderaan, y de vuelta!

¿Para quién estás haciendo todas estas tonterías? Para ti misma, ciertamente, no. Si fueras la única para quien tuvieras que estar, te detendrías por falta de interés. Conoces toda la mierda que le cuentas a los demás: la conoces, la has vivido, la estás viviendo... así que, ¿qué sentido tiene contársela a otras personas?

Congraciándote con ellas, estando a su disposición, «admitiendo, confesando y contándoles» todas esas cosas que parecen secretas, especiales y espontáneas, cuando en realidad se limitan a ser esa vieja estrategia: la seducción. Si lo observase desde fuera, me molestaría que alguien me dijese cosas que no me apetece escuchar. Demasiado y demasiado pronto, y no sé qué quiere ella a cambio. ¿Se supone que debo asentir y sonreír, parecer interesada o esperar que intercambiemos historias? ¿Acaso espera que le hable de mi infancia, mis padres, la culpa, la ansiedad, los temores y la sexualidad? Porque, en ese caso, no sabe lo que le espera.

Debería dejar que las personas con las que me cruzo me reconstruyan hasta que puedan completar el rompecabezas (o al menos en parte). Y, entonces, cuando hayan acabado, completarán la imagen que han creado y decidirán si les gusta o no. A su ritmo. Deja que ellas te descubran.

Eres quien recolecta mis pensamientos
El que rechaza mi amor a tiempo parcial
Arrastrándote una y otra vez a través
  de mis sueños
Y me haces sonreír
Decoras mi entretanto
Llevándome a la locura
¿Puedes oírme, mi dulce chófer?
Llevándome a la locura

e ha pasado algo realmente increíble, algo que debería haber ocurrido hace mucho tiempo. ¡Dios!, cuánto agradezco que haya sucedido. Me refiero a que lo ha cambiado todo. Puede que pienses: Ah, se está enamorando, o bien ha encontrado a Dios o al IRA o lo que sea. Pero no es eso, aunque en cierto modo se trata de todas esas cosas, porque es una suerte de experiencia profunda, religiosa y revolucionaria. Sin embargo, no se parece a eso en absoluto. Supongo que debería contarte lo que ocurrió y dejar que hable por sí mismo.

La otra noche estaba sentada sola, haciendo lo que uno suele hacer cuando está a solas. Ya sabes, hacer una montaña de un grano de arena, escalar hasta la cima, comer un pastelito relleno de crema y después arrojarse de la montaña. Cosas por el estilo. Bien, pues ya lo había hecho... unas cuatro, tal vez cinco veces... en realidad, digamos que fueron diecinueve. Y cuando me disponía a hacer mi vigésimo grano de arena, de repente me pareció oír que alguien interpretaba una polca bajo mi ventana.

Más adelante descubrí que era una grabación de Ray Conniff tocando en directo en el Troubadour, con Led Zeppelin. Se veía joven, de cuando todavía no era tan comercial sino meloso e innovador y... O sea, de cuando su música se apoderaba de tu cuerpo. ¿Recuerdas los días en que todos volvían rápido del instituto, cogían un paquete de Fritos y una botella de vino barato, ponían su álbum favorito de Ray y se relajaban? Y luego, en cuanto se enteraban de que estaban por lanzar su nuevo álbum, corrían hasta Discount Records confiando en que no se hubiera agotado.

Conozco a un tío que asistió a un concierto de Ray Conniff antes de que dejara de actuar en directo porque las chicas gritaban tanto que él no lograba oír su propia voz. Pero ese tío, que estuvo cerca y pudo oírlo bastante bien, quedó absolutamente fascinado. Me contó, y no me lo invento, que Ray Conniff era el tipo más auténtico y cabal que jamás había visto. Y ese tío había estado en todas partes, los había conocido a todos (incluido Mantovani), y no obstante fue Ray Conniff la única persona que, con su música y su presencia, logró emocionarlo profundamente.

En realidad, todo esto no tiene nada que ver con mi experiencia, excepto que me parece irónico que yo estuviera sentada allí y de pronto oyera esa música increíble que había significado tanto para mí. Así que dejé de hacer mi grano de arena y me acerqué a la ventana para ver de dónde procedía. De repente, vi una luz a lo lejos que se acercaba; era una especie de fogata.

Al recordarlo, me parece muy extraño y un poco inquietante, pero en aquel momento no me preocupé. Hasta que estuvo a un metro, no comprendí que estaba mirando a un hombre sentado sobre un pastel en llamas. Me dirigió una sonrisa serena, o tal vez tuvo un acceso de tos, pero, fuera lo que fuese, la escena resultaba mística. Casi bochornosamente mística.

Él debió de advertir que me ruborizaba, porque me ofreció una trucha arcoíris y suficiente dinero para acabar de pagar mi Dyna-Gym. Se me llenaron los ojos de lágrimas, él se inclinó hacia mí y me los secó con la trucha, antes de decirme: «Nunca más tendrás que hacer montañas de un grano de arena. Te has malinterpretado. No eres quién crees ser. Te has observado desde el extremo equivocado del telescopio. Puedes montar un hogar a un lado del espejo o al otro, el lado que empequeñece las cosas grandes, o el que agranda las pequeñas. A mí me gusta estar en el lado donde las cosas grandes se empequeñecen; allí conoces a la mejor gente. Pero últimamente has sido incapaz de verte a ti misma con claridad, porque tú no eres Carrie Fisher. Solo te lo dijeron para ponerte a prueba, y ahora, querida, la prueba ha terminado y me complace decirte que has aprobado. Ahora podrás graduarte y adoptar tu auténtica identidad, porque, en realidad, tú eres *Mister Ed*, el caballo que habla, y siempre lo has sido. Ahora podrás vivir tu vida como siempre deberías haberlo hecho. Adiós.»

Mientras observaba cómo desaparecía sentado en su pastel en llamas, de pronto noté que la trucha arcoíris me sonreía desde la ventana donde la había depositado el hombre del pastel místico. Me disponía a preguntarle si quería algo (un trago o un cebo) cuando, de repente, soltó una carcajada muy aguda, de esas que solo puede soltar un pez. Le pregunté educadamente qué encontraba tan gracioso, y la trucha respondió: «De modo que tú eres *Mister Ed*. Un viejo cara de caballo que dice bromas estúpidas. Con razón cancelaron tu programa.» Después volvió a reír, hasta que cayó del alféizar y aterrizó en la calle.

Permaneció allí toda la noche, riendo a más no poder, hasta que la risa se detuvo de golpe. No sé qué le pasó. Pero hace unos días alguien hablaba de la secuela que Don Knotts estaba rodando de *Un pez con gafas,* o *El increíble señor Limpet,* y describía el pez que interpretaba el otro papel protagonista junto con Knotts, y esa solo pudo haber sido mi trucha arcoíris.

Hay muchos peces en el mar
Y tú me pareces un pez
Blando como una cigala con una boca que
    se abre y se cierra
Y al igual que un pez no dices cosas
    bonitas
Ni envías rosas
Hay muchos peces en el mar
Y al igual que un pez no traes diamantes
    brillantes
Ni te pones de rodillas

Si nunca te hubieras acercado no habría
    notado cuándo estabas lejos
Pero llenaste mis noches y después vaciaste
    mis días
Hay chicas a las que puedes ayudar y
    chicas con las que puedes acostarte
Pero tú me ayudaste y después te acostaste
    conmigo
Y ahora, pez, vuelvo a necesitar ayuda,
    la necesito con urgencia

Pero, como dijo el pescador, hay muchos
    peces en el mar
Y quizás un día un dulce salmón se alejará
    conmigo nadando

Cuando hablamos no solo es un parloteo
  frívolo
Comentamos cosas que realmente no
  tienen importancia
Hablamos del amor, de Dios y del dolor
A la canción eterna de la vida
Añadimos otro estribillo
Y a medida que el ritmo se vuelve cada
  vez más frenético
Las palabras se vuelven cada vez más
  pedantes
No dejamos de mencionar todos los
  sofismas
A medida que nuestra retórica se vuelve
  más intensa
Usamos nuestros amplísimos vocabularios
Para disimular nuestro sentido muy
  común.

Las palabras se vuelven más largas
  y el guion más flojo
Otro discurso para comentar durante
  la cena
No hay sentimiento que no podamos
  analizar
Aprovechamos todas las oportunidades
  para intelectualizar

Hablando en tiempo pasado y presente
Generamos mucho más ruido
Y muchos menos sentido.

Ella: Te amo.

Él: ¿Qué?

Ella: Nada... no tiene importancia.

Una pausa.

Él: ¿Ocurre algo? Pareces incómoda.

Ella: ¿Quién, yo? No, estoy perfectamente... Me siento como un nenúfar flotando en un estanque chino.

Él: ¿Qué?

Ella: Pues que me siento como un... ¡Olvídalo! Todo está bien... Yo estoy bien.

Él: ¿Estás segura?

Ella: Sí... solo estoy un poco tensa, eso es todo.

Él: ¿Quieres algo?

Ella: Algo.

Por un instante él la mira, luego desvía la mirada y asiente con la cabeza.

Ella ríe.

Él: ¿Qué?

Ella: ¿Eh?

Él: Parecías a punto de decir algo.

Ella: ¿Lo parecía? Supongo que siempre lo parezco. Es una especie de tic.

Él tiene la mirada perdida.

Sheila y Hugh

Descansando en tus brazos
Comprobando tus encantos
Repitiendo un ritualizado «Te quiero»
Compartiendo una pelea
O un beso en la noche
Encogiéndome de hombros cuando
    los amigos preguntan «¿Qué hay
    de nuevo?»

Después de la boda
Las caderas de ella empezaron
    a ensancharse
Él empezó a quedarse calvo
Permanecieron juntos
Ahora por costumbre
Y no por una gran necesidad

Él regresará del trabajo
Un tanto cansado
Ella ha pasado el día limpiando
Dejando que los culebrones le lavaran
    el cerebro

...

Él lee el periódico de la tarde
Ella lo llama a la mesa
Comparten la comida en silencio
Ella está aburrida, él está agotado

Después suben por las escaleras
Multiplicando la monotonía
Con cada paso que dan
Las horas que pasan durmiendo
Les resultan más satisfactorias
Que las que pasan despiertos

Él se quita la ropa de trabajo
Ella se pone los rulos y la crema
Confiando en que las sábanas los protejan
Del demonio de la rutina cotidiana

Entonces él apaga la lámpara
Y el silencio reina en la oscuridad
Pues en la oscuridad puedes ser cualquiera
Las amas de casa: niñas
Los hombres de negocios: niños

«Te amo, Sheila»
«Te amo, Hugh»
Pero ella piensa en platos que ha de servir
Y los pensamientos de él están torcidos

. . .

Y las sábanas brindan refugio
A esta perpetua pareja
En realidad, ambos ignoran ya
Por qué el otro está ahí

me comporto como alguien en un refugio antiaéreo que intenta levantarle ánimo a todo el mundo.

Él no es ningún tonto, ni por asomo. Yo me asomo bastante. Percibo el tonto que él no es ni por asomo pisándome los talones.

e gustaría ser incapaz de oír mis pensamientos. No dejo de oír el parloteo de mi mente, sola y allí arriba. Ojalá me diera una maldita tregua. Escribe, no pienses, escribe. No estás pensando correctamente, señorita Fisher, sugiero que escribas.

Si alguien lee esto una vez que yo haya pasado al gran y malvado más allá, me sentiré póstumamente avergonzada, pasaré toda mi vida de ultratumba sonrojándome.

Tengo miedo. Miedo de dejar que Harrison me haga daño, pues volveré a transformar una sencilla marcha en un abandono. No es poca cosa. Puede que conozca el dolor, pero no es divertido. Es penoso prestarse a ser humillada, dejada de lado o lo que sea, y después, en el último minuto, decidir que eso no era lo que tenías en mente.

En realidad, a ninguno de nosotros se nos ha brindado la oportunidad de explorar la posibilidad de que, dada nuestra situación, optemos por no vernos. Nos unen las circunstancias y procuramos disfrutar el uno del otro, aunque solo sea por conveniencia. ¿Trataríamos de estar juntos en la «vida real» tras recuperar nuestro punto de vista momentáneamente suspendido? Creo que en este momento no lo sabríamos, la verdad. Podríamos engañarnos con mucha facilidad debido a la absoluta conveniencia que supone para ambos, sumada a la aparente ausencia de otras opciones. A estas alturas, tu principal objetivo sería encontrar a alguien, no importa quién, a condición de que estuviera cerca, dispuesto y con vida. (Tener esas cualidades no resulta difícil.) Algo práctico, próximo y lo más humano posible. No estamos en condiciones de ponernos exigentes. La auténtica prueba consiste en encontrarse en una situación en la que no solo resulta conveniente, sino donde hay numerosas alternativas a la posibilidad más que probable de sufrir un ataque de soledad de veinticuatro horas de duración.

Por cierto, tal como dice Marcia, la mujer de George, somos oro en el mismo lugar, refiriéndose a la teoría de que buscamos personas que son oro allí donde somos mierda, y mierda en los lugares donde somos oro. De modo que, en vez de retomarlo donde lo dejamos, lo retomamos y nos largamos casi al mismo sitio (un lugar que se encuentra entre el instituto y la serie *La isla de Gilligan*).

no quiero formar parte de mi vida; puede seguir sin mí, y punto. No pienso ayudarla, no quiero verla, no quiero hablarle, no quiero tenerla cerca. Requiere demasiada energía. Me niego a formar parte de ella. Si tienes una vida, incluso si te acostumbras a que te estropee el sueño, las diversiones, y exija que le prestes mucha atención, debes sentir un enorme alivio cuando finalmente se larga de la ciudad.

No me gusta mantener todos esos platos girando en el extremo de sus muchos palos secados al sol. A partir de ahora pueden caer de los palos y hacerse añicos, no me importa. Me censuro a mí misma. ¿Y para qué diablos sirve eso? Para embellecer mis pensamientos y apuntarlos en el papel.

El lugar de una mujer es el hogar
Sentada junto al teléfono
Los hombres echan canas al aire
Y las mujeres echan canas

Ya estoy aquí una vez más
Cometiendo el mismo error
En lugar de aprender la lección
Solo establezco un nuevo récord a batir.

¿Cuál es el acertijo?
Yo hablando tanto
Y diciendo tan poco

Ella: Uno de nosotros es aburrido.

Él: ¿Por qué dices eso?

Ella: Porque... no hacemos más que estar sentados aquí sin hablar.

Él: ¿Y eso qué tiene de malo?

Ella: Pues no lo sé. Quizá nada... solo que no nos necesitamos mutuamente para hacerlo.

Él: ¿Hacer el qué?

Ella: Permanecer callados.

Se abrió paso como Itsi Bitsi la araña
    a través de mi surtidor de agua
Se abrió paso hasta mi rincón como
    el dinosauriólogo Jack Horner
Y ahora no logro sacarlo de allí
Devoró mi papilla de avena, se sentó
    en mi silla
Durmió en mi cama, se enredó en mis
    cabellos
¡Eh, todos vosotros caballos del rey!
Ya sea si sois tontos del culo u hombres,
¿Podrías volver a reconstruir mi corazón?
¿Por favor?

El amor me ha convertido en lo que soy
Pero en realidad no tengo idea de qué es
De una cosa no cabe duda
Estoy muy sola
Porque no hay nadie tan silencioso
Como los que no llaman por teléfono
Y no hay nadie tan indiferente
Como ese al que nada le importa
Me he quitado a ese hombre de encima
Se sentó en mi silla y durmió en mi cama
Devoró mi papilla de avena y se metió
    en mi cabeza

Puede que ningún hombre sea una isla
Pero algunos podrían serlo
De esos cuya locura
Siempre parece meterse en tu cabeza

¿En qué me estoy metiendo? ¿Qué es eso de lo que no quiero liberarme?

No recuerdo comenzar, me parece impensable terminar. Eso que temo, que necesito, que me resulta distinto de todo cuanto jamás imaginé o preví, de lo que no puedo prescindir, de eso con lo que no sé qué hacer, ni siquiera mediante un cliché.

¿Y si dijera que te amo? Entonces, ¿qué? ¿Y si justificara mi deseo delictivo confesando cierta emoción? Sabías dónde estabas: encima de mis pies. Podría no ser nada, pero es la posibilidad lo que nos deja delirando con aburridas discusiones.

Esto es bastante nuevo. Como soy una optimista incurable, tiendo valientemente a considerar que es provisional. La pregunta de los cien dólares: «¿Qué significamos el uno para el otro?» Temo que las respuestas no coincidan. Y toda esta cháchara sobre el asunto, pero ¿cuál? «Definamos nuestra relación, cabrón.» Paso toda mi épica existencia vacilando entre dos extremos, y creo que quizás esto esté cambiando, pero me equivoco. ¿Qué ocurrió con lo intermedio? A medio camino: entre pasiva y presa del pánico. Al parecer, me meto en situaciones donde solo existe la tensión. Pienso lo siguiente: «La relajación es un rumor malvado difundido por un sádico...»

*S*i crees que ayudaría, podríamos detenernos definitivamente. Pues al igual que cualquier heroína de una película de serie B, no puedo seguir así. ¿Lo entiendes? No quiero hacerte daño y tampoco quiero que tú me hagas daño a mí. Ahora se trata de sobrevivir a nuestra mutua compañía en lugar de disfrutar de ella.

Inexorablemente, intento hacer que me ames, pero no quiero ese amor: prefiero la búsqueda. El desafío. Siempre me siento decepcionada cuando alguien me ama: ¿hasta qué punto es perfecto si se deja engañar por mí?

Puedo acercarme mucho
Hasta que empiezo a asfixiarme
Debo regresar a la superficie
Para respirar
Recupero el aliento
Logro respirar
Despreocupadamente, proporcionando
    distancia
Mientras en apariencia nunca me marcho
Para compensar
Mi falta de sinceridad
Entretengo con verdades distorsionadas
Mis ineptitudes y obsesiones:
Si una personalidad puede ser promiscua
La mía sería bastante disoluta
Por más que lo intente
No puedo darte más a ti
De lo que le doy al próximo
O al último
Monto el escenario estableciendo
    posiciones
Tú eres el público
Yo, el reparto
Trato de ser un tanto exclusiva
Pero por algún motivo nunca tengo
    un éxito total

Mantendremos el contacto
Pero bastante
Es demasiado
Necesitaré un nuevo desinterés del cual
    alimentarme

Claro que llevo una mano perdedora
Una mano que te invito a pisar
Si solo pudiera amar a alguien
Pero he optado por amar
A cualquiera
En su lugar.

Oye, tío, has dejado el abrigo
  en el guardarropa
Échame humo en mi ojo favorito.
Rodéame con el brazo
Hasta que por fin me hayas encontrado.
Bajo el cielo iluminado por la luna.
Dios mío
Bajo el cielo iluminado por la luna.
Mientras caminamos el uno junto al otro
Por un césped húmedo
Apoyo la cabeza en su hombro
Él reprime un profundo bostezo
La fiesta queda rápidamente atrás
Dejando a los bailarines con la noche
Alguien abre un grifo
Alguien apaga una luz

Mitad mujer y mitad taburete de bar
Las rondas de bebida hacen girar el local
Ella está inclinada sobre su copa de vino
Devolviendo el tiempo que se le concedió
   para pensar

—¿Para quién lo estoy haciendo? —le pregunté.

Era una pregunta retórica y la única respuesta que merecía era que él se escogiese de hombros, como efectivamente hizo. Yo me encontraba sentada en el suelo con la vista fija en el espacio vacío que había ante mí; él estaba tendido en el sofá. Parecía robusto y seguro de sí. Puede que ningún hombre sea una isla; sin embargo, algunos realmente lo parecen. Secos y a salvo, y dominando tu horizonte. Pero yo tenía la corriente en contra, y, además, ¿a quién creía engañar? Su isla ya estaba habitada, y yo me hallaba ahí: una intrusa adolescente. Lo único que tenía que hacer era disfrutar de estar a la deriva.

Él bostezó. Lo miré con una mínima expectativa; él posó en mí sus ojos y yo tuve que desviar los míos. No quería que viese que «le pertenecía»: ya era bastante desastroso que yo lo supiese. No quería que también él se enterara. Hacía casi dos meses que lo callaba, lo llamaba cualquier cosa, desde «algo físico» hasta un «gran error». Y no es que no fuera eso, que lo era, pero cuando «me entregué a él» (Feliz Navidad, *baby*) lo hice por un tiempo, no solo para pasar un buen rato.

En cualquier caso, fuera la clase de tiempo que fuera, se estaba terminando.

Él se marchaba el domingo. De modo que allí estábamos, el martes por la noche, sentados en la estacada en la que él me dejaría. No era nada personal, por supuesto. Él había acabado de rodar y tenía que volver a casa con su mujer y sus hijos. Ese era el problema. Sería entonces cuando caería el zapato de Cenicienta después del baile, previamente roto.

Con él el amor resultaba más fácil de
    hacer que de decir
En vez de tomarte en serio te tumbaba
    en la cama
Y tú aceptas lo que él tiene para ofrecer
    sin protestar
Estás cada vez más liada mientras
    él sigue dando vueltas

Todo es cuestión de suerte
Porque él es uno para todos y puro cuento
Pero al fin y casi al cabo
Yo jugaba en serio y él jugaba para
    divertirse

En ocasiones llamo por teléfono a la gente no solo para comprobar que sigo viva, sino para que ellos, aunque sea de un modo indirecto, me convenzan de que vivir es un estado que me conviene. Porque de vez en cuando no me parece una gran idea. ¿Merece la pena intentar vivir la vida para que un día te brinde algo que merezca la pena, en lugar de que casi siempre te quite cosas que merecen la pena?

Ojalá pudiera marcharme a alguna parte; el único problema es que yo también tendría que ir.

Cuarenta años después

He descrito a Harrison Ford tal como fue conmigo hace cuarenta años. Pero, con el tiempo, he llegado a conocerlo mejor y de un modo distinto. Es un hombre sumamente ingenioso y ahora parece sentirse más cómodo con los demás que en el pasado, o al menos conmigo. Tal vez yo lo ponía nervioso, o hablaba tanto que él era incapaz de meter palabra; quizá se trataba de nuestra mutua *gestalt*, o de que yo lo exasperaba... Supongo que fue un poco de todo.

Pero tal vez el principal motivo de que no habláramos mucho era que estaba prohibido referirnos a nuestra relación, y esa era la manada de elefantes por la cual había que pasar de puntillas, así que permanecíamos sentados entre los elefantes y ambos los ignorábamos. Era nuestra principal actividad, lo más

importante que compartíamos aparte de nuestros diálogos en *La guerra de las galaxias,* y aquello tan pe-
nosamente obvio y que no comentábamos.

Mi aventura fue un larguísimo episodio de una
noche. Cuando terminó me sentí aliviada, pero des-
contenta conmigo misma.

Si Harrison era incapaz de ver que yo sentía algo
por él (al menos cinco tipos de sentimientos, y a veces incluso siete), entonces es que no era tan listo
como yo creía... o sabía. De modo que yo lo amaba
y él se dejaba amar. Esa es la conclusión más precisa
a la que he llegado cuatro décadas después.

A menudo sigo sintiéndome incómoda en su presencia, aún lucho por saber qué le diré. Siempre imagino que él piensa que acabo de decir una burrada,
lo cual puede ser cierto, o no.

Y fuera cual fuese el estado de su matrimonio, que
terminó poco después del rodaje de *La guerra de las
galaxias* y por motivos que no tuvieron nada que
ver conmigo, no creo que él sea un «mujeriego» ni
mucho menos. Creo que en Inglaterra se sentía solo;
todos nos sentíamos solos, aunque de un modo optimista; todos estábamos al comienzo de nuestra
vida pública. Eso me parece. O al menos es lo que
yo sentía, y (según una suposición bien fundada) a
los demás les ocurría lo mismo. Era la primera vez
que todos protagonizábamos una película, y Harrison era el único que había alcanzado cierta edad y
perspectiva de las cosas. Nos encontrábamos en la
Isla del Rodaje en Exteriores, una tierra donde todo

está permitido, donde puedes comportarte como nunca lo harías en el mundo real.

Allí estaba él y allí estaba yo. Hacía tres meses que habíamos abandonado nuestros hogares para rodar en la Isla del Rodaje en Exteriores, donde teníamos la libertad de hacer lo que ninguno de los dos hubiera hecho estando con sus muy amorosas familias y sus muy observadores amigos. Todo y todos los que nos rodeaban eran interesantes y desconocidos, y había muchas personas pendientes de nosotros y de cómo nos sentíamos, pero sin provocarnos claustrofobia. Lo único que querían era que memorizáramos los diálogos, que lleváramos la ropa correcta y que el maquillaje y, sobre todo, el pelo estuvieran perfectos. Al menos el mío, que tendía a escapar de los confines en que debía permanecer. Aunque correteáramos por ahí disparando armas, nuestros cabellos no podían estar despeinados. Debíamos lucir un aspecto cuidado aun durante la aeróbica actividad de salvar la galaxia.

Para la mayoría de nosotros, el hogar supone un entorno que desanima a cometer cualquier tontería. Y no se trata de que alguno tendiera necesariamente a ceder ante impulsos adúlteros. Visto en retrospectiva, recuerdo que todos entramos en un juego de contacto físico mutuo, disfrutando de ese confort casi familiar que se desarrolló entre nosotros. Cuando digo «nosotros» me refiero a Mark y a mí, aunque mi interés disminuyó cuando me lie con Harrison. Algunos días evitaba tímidamente el contacto con él, mientras que otros me divertía jugueteando en pasillos bien iluminados, tocándole un brazo, agachando mi cabeza cubierta de rodetes o rozando su chaqueta de contrabandista con mi frente empolvada; inclinándome sobre él para leer unos diálogos supuestamente olvidados, chocando contra él en medio de un ataque de risa reprimido entre una toma y la siguiente. ¿Qué dije antes? Y ¿qué seguiré diciendo hasta que por fin las cosas puedan dejar de ser dichas? «Rodaje en Exteriores, rodaje en Exteriores, rodaje en Exteriores.»

La vez que me besó en el coche fue la última en que pudo actuar suponiendo tranquilamente que yo era una aspirante a actriz con experiencia sexual, una chica acostumbrada a lanzarse borracha en el asiento trasero de un vehículo y después caer en la cama. Y que aquel había sido un encuentro breve y asombrosamente informal con dicha aspirante a actriz, quien, a lo largo de los años (pero al igual que otras personas) supuestamente pretendía añadir excitantes y desnudas experiencias con hombres atractivos a su lista cada vez más larga.

¿Y qué fue para mí? Una aventura corta y apasionante, de la que, con el tiempo, me alejaría con toda tranquilidad, sonriente y satisfecha. Anticipando la expresión de mis amigos cuando, con desparpajo, pudiera narrar el divertido idilio que viví durante el rodaje de esa pequeña (y guay) película de ciencia ficción en Inglaterra. Reiría con ironía mientras les hablaba a mis amigos, fascinados por aquel hombre del que me había sentido atraída. ¿Cómo podría no haber estado con él siendo tan guapo? Apenas tenía edad para votar pero podía alistarme en el ejército, y, en efecto, me alisté... en el de Harrison. Pero desde el principio ambos supimos que esa no sería una aventura amorosa, sino solo dos adultos que, aunque no se habían enamorado, se apreciaban. Porque ambos éramos adultos, así que ¿por qué no habríamos de divertirnos juntos? Nunca se me ocurrió ofenderme por que él no se hubiera enamorado de mí. ¡Si era mejor así! Sentimientos de amistad y un sexo maravilloso (lo cual suponía un cambio muy agradable tras mi relación con Simon). Todo tan emocionante, tan inocente y nuevo... Nada de complicaciones y malentendidos. Estaba él y estaba yo; nada de «pareja». Entonces yo medía un metro setenta de estatura, tenía ojos verdes, era delgada, grácil y nunca me compadecía de mí misma. ¡Sí, seguro!

Sin embargo, debéis compadeceros de Harrison (bueno, no es que debáis hacerlo, pero, si podéis, intentadlo por mí). No, no hace falta que sintáis auténtica pena; a lo sumo, ese cierto sentimiento de tristeza que a veces nos invade cuando alguien nos cuenta una historia bastante larga sobre cómo dos personas estaban hablando sobre ese regalo sorpresa comprado para otro, y entonces una tercera persona oye la conversación y la sorpresa se estropea. ¡No! ¡Qué horror! ¿Qué has hecho? Una suerte de horror del tipo sorpresa echada a perder en vez de «¿Ese tío,

J. D., aún está viviendo contigo? Porque acabo de estar en la farmacia, vi que recogía unas medicinas y oí que le decía al farmacéutico que eran para la lepra». Lo que quiero decir es que hay sensaciones desastrosas y también sensaciones tipo «¡Joder, vaya mierda! Es broma, ¿no?». Sensaciones penosas alegremente comprensivas y otras que parecen el fin del mundo. ¿Me explico? Solo intentaba sentir un poco de pena por Harrison en ese momento de mi vida (algo que él detestaría, de modo que lo retiro).

Pero mientras estaba ocurriendo no sentía pena por él, sino por mí. El tiempo se desplaza y la pena permite que aquello que antaño fue una pena o un dolor comprensible, complicado con una bochornosa autocompasión, se convierta en una historia humillante que uno puede compartir con otros porque, al cabo de casi cuatro décadas, todo forma parte del pasado... Y, además, ¿a quién le importa?

Como creo haber mencionado, quizá varias veces ya, en el trayecto entre los estudios Elstree y Londres, entre Borehamwood y Londres, entre una fiesta sorpresa y la siguiente, Harrison y yo dedicamos bastante tiempo a besarnos. Más adelante, él me informaría de que por entonces yo besaba mal, pero no se trata de que él (ni nadie) sepa cómo beso; es un secreto. Puede que el comentario escociera un poco incluso seis mil años después de producirse, pero hoy me lo pregunto. Ojalá pudiera regresar junto a Harrison, tal vez mientras él se recupera de un accidente de avión o después de que un trozo desprendido del plató esté a punto de aplastarlo. Permanecería tendido en la cama con una o las dos piernas escayoladas y el entrecejo fruncido, fingiendo encontrarse sereno.

—¿Por qué creías que besaba tan mal? —le preguntaría como de paso.

Él contemplaría el atardecer a través de la ventana y se mordería el interior de la mejilla, en silencio.

—Tal vez —añadiría yo—, lo que ocurrió es que me sentí tan sorprendida de ser besada fuera de pantalla por una persona con la que aparecería besándome en una o dos películas, que me quedé de piedra.

—¿Por qué no te callas? —gruñiría él sin mirarme.

Siempre pensaba que, en nuestras charlas imaginarias, me mandaba callar, quizá porque siempre parecía querer que yo perdiera el dominio del lenguaje.

En fin, supongo que en parte cuento esta historia ahora porque quiero que todos vosotros (y me refiero a todos) sepáis que no siempre fui una mujer regordeta y sin labio superior que a veces duerme detrás de su rostro y siempre piensa dentro de su boca. Antaño era un culo significativo que apenas sabía que existía, mientras que gran parte de la gente que iba al cine me veía saltar de aquí para allá y con un bikini metálico, inexorablemente despierta para matar babosas espaciales y siendo quien debía ser a pesar de mis problemas afectivos.

Hoy puedo compartir esto con otros porque el cuento forma parte de la historia. Ocurrió hace tanto tiempo que constituye un auténtico ejercicio de memoria. Es un episodio potencialmente interesante solo porque los actores se hicieron famosos debido a los papeles que interpretaban cuando se conocieron.

Harrison es un hombre bueno e incluso amable, aunque complicado y muchas veces taciturno. Siempre me ha tratado bien y, que yo sepa, la única vez que engañó a una de sus tres esposas fue conmigo. Aunque quizá, debido a mi baja estatura, pensó que yo no contaba.

Así que mientras todavía hay tiempo para que «Carrison» envejezcan juntos, esa puerta no deja de cerrarse un poco más cada día. Si vamos a estar de nuevo juntos, tendremos que darnos prisa. Y volver a estar con alguien con quien en realidad nunca has estado resulta, como mínimo, complicado. Pero, desde luego, merece la pena. O no. Tal vez me arrepienta de haber escrito esto, pero si sentís el impulso de gritarme, no lo hagáis, por favor. De vez en cuando me siento bastante culpable sin necesidad de que nadie me grite.

Mis esperanzas no son grandes, y da la casualidad de que yo tampoco.

Éramos seres
luminosos

Al principio, cuando *La guerra de las galaxias* se convirtió en un auténtico fenómeno, ninguno de nosotros sabía cómo ser famoso (puede que Harrison o Mark tuvieran una idea, pero, de ser así, no compartieron su saber conmigo). No imparten esas clases en la academia Berlitz, y tampoco teníamos un manual de sugerencias sobre cómo deslizarnos en ese estado transicional sin tropiezos. Ya sé que debería haber sabido lo que se esperaba de mí, al observar a mi madre y a mi elusivo padre a tiempo parcial, y lo habría hecho si hubiese previsto una vida como las suyas —algo que de hecho era previsible—, pero recordad que jamás quise meterme en un negocio tan veleidoso.

Todo sucedió con mucha rapidez, hubo un alud instantáneo de cartas enviadas por admiradores, y al principio las leíamos todas personalmente.

Lo dicho: yo ya sabía lo que era la fama (con todo el frenesí montado por la prensa del corazón en torno a mis padres), así que no nadaba precisamente en aguas desconocidas, y al ver cómo su fama disminuía a lo largo de sus vidas, había aprendido los límites de la celebridad. Cualquiera podía aferrarse a la cola de ese tigre salvaje, pero debería saber (al menos yo lo sabía) que en cierto punto escaparía de sus manos desesperadas y se largaría a la jungla de otro.

Además, esa fama galáctica significaba que la célebre no era Carrie Fisher sino la princesa Leia. Daba la casualidad que me parecía a ella... a excepción de su espantoso peinado y mi propio, horroroso, cabello. Creo que tal vez la fama sea más divertida cuando es personal y no se limita a que alguien comente lo mucho que te pareces al personaje de *La guerra de las galaxias*. No os equivoquéis: no deja de ser divertido. O equivocaos. No puedo impedirlo.

Yo tenía lo que siempre he llamado «fama por asociación». Fama estilo efecto secundario, fama como la ensalada que acompaña un plato principal, fama como hija de una celebridad (y después, cuando me casé con Paul Simon, fama como esposa de una celebridad). Y, de pronto, gracias a *La guerra de las galaxias*, conseguí esa fama que supone haber interpretado un personaje icónico. No obstante, ser célebre de golpe tenía sus inconvenientes. Para empezar, debía demostrarle a la gente que era tan independiente y simpática como la princesa intergaláctica que encarnaba.

Sospecho que tal vez los chicos se sentían atraídos por mi accesibilidad. Incluso si poseía algunas características principescas, no resultaba guapa ni sexi de un modo convencional, y por eso era menos probable que los rechazara o me considerase demasiado importante para ellos. No los humillaría, y aun cuando los provocase correteando por ahí, con una pistola láser y esquivando balas, no lo haría de manera que pudiera herirlos.

¿Qué está pasando? ¿Cómo hemos llegado hasta aquí? ¿Dónde es «aquí»? ¿Cuánto tiempo durará? ¿Qué es esto? ¿Lo merezco? ¿En qué me convierte? ¿Qué hay que ponerse para este evento? ¿Qué creéis que debería decir? ¿Y si ignorara la respuesta? Estar cerca de mi madre cuando empezaron a reconocerla no supuso una buena preparación para todo eso.

La fama puede ser increíblemente intensa, y ninguno de nosotros tenía la menor idea de lo que estaba ocurriendo. Habría que ser un gran vidente de Hollywood para adivinar que algo así estaba ahí fuera, preparado para tenderte una emboscada y transformar el personaje que interpretabas en una persona conocidísima. El estudio organizó una gira y varias ruedas de prensa, algo esperable tratándose de una película cuyos protagonistas eran prácticamente desconocidos. Después la estrenaron y todo el mundo se volvió loco. De repente esa pequeña película no necesitaba ninguna promoción, pero como nadie lo había previsto, acabamos asistiendo a las ruedas de prensa de todos modos, y eso se convirtió en la «exageración» en estado puro. En cualquier caso, resultó que allí donde llegábamos había gente esperando, y todos parecían muy contentos de nuestra presencia, aun cuando vendíamos lo que ya estaba vendido.

Habíamos rodado esa pequeña película de bajo presupuesto, la productora incluso nos había llevado a Londres en clase turista para ahorrar dinero y vivíamos de un complemento para gastos que no tenía nada de lujoso. Habíamos actuado en un film guay y fuera de lo común dirigido por un tío barbudo de Modesto, California. Nada indicaba que la gente quisiera jugar con una muñeca como tú, ¿verdad?

No era más que una película. Nadie imaginaba que causaría el efecto que causó. Nada debería haberlo causado. Nada lo había hecho nunca. Se suponía que las películas debían quedarse en la pantalla, planas, grandes y vistosas, sumiendo al espectador en su historia, conduciéndolo alegremente hasta el final y después devolviéndolo a su propia, inalterada vida. Pero esa película se portó mal; se filtró fuera del cine, saltó de la pantalla y afectó tan profundamente a tantas personas que estas necesitaron interminables talismanes y artilugios para permanecer conectadas a ella.

Si hubiera sabido que produciría semejante alboroto, me habría vestido mejor para esas entrevistas televisivas y habría protestado contra aquel absurdo peinado (aunque el peinado, en su modesta medida, tuvo bastante que ver con ese alboroto). Y tampoco hubiera cedido alegremente todos los derechos de *merchandising* relacionados con mi imagen, además de otras cosas.

Y, encima, Mark, Harrison y yo éramos los únicos que vivíamos esa experiencia, así que, ¿con quién hablar, quién podía estar en situación de comprenderte? Sin embargo, no se trata de que sea una especie de tragedia, solo te deja en una zona deshabitada y carente por completo de empatía. Es decir, yo jamás había protagonizado una película, pero eso no se parecía en nada a ser la estrella de un film normal y corriente. Era, de algún modo, como ser uno los Beatles, y también una sorpresa divertida, desde luego, pero los días en que podía bajar la guardia habían quedado atrás, porque en adelante viviría rodeada de cámaras, y debía comportarme con algo parecido a la dignidad. Y todo eso a los veinte años.

Sin embargo, hace cuarenta años, cuando empezamos a recibir cientos de cartas de admiradores, era difícil saber qué hacer. ¿Las contestabas todas o ignorabas las menos entusiastas? Así que, los primeros meses, todos nosotros —es decir, Mark, Harrison y yo— las contestamos todas. Lo sé porque los tres recibimos una escrita por la madre de una niña, Lisa, que se estaba quedando ciega; había visto *La guerra de las galaxias* con lo que le quedaba de vista y quería saber si antes de que la perdiera del todo podíamos enviarle una foto nuestra firmada. Los tres nos apresuramos a mandársela, pero poco después descubrimos que la pequeña Lisa era, en realidad, una mujer de sesenta y tres años con una vista perfecta, lo cual nos provocó mucha risa durante los alegres días de nuestra recién estrenada fama.

Ninguno de nosotros había intervenido en un programa de entrevistas, así que nos vimos obligados a desarrollar no solo nuestros personajes públicos sino también nuestros estilos a medida que pasábamos de un programa al siguiente, promocionando una película que no necesitaba promoción. Antes de alinearnos como patos de latón en una atracción de feria (esperando a que nos dispararan), deberíamos haber informado a nuestros anfitriones de que estábamos hartos de promociones. Y al final nos dispararon... con cámaras de televisión por todo Estados Unidos y, más tarde, Europa.

Advertí que Harrison tendía a citar filósofos al opinar sobre la película. Cuando le preguntaban si creía que el éxito nos había cambiado, él podía responder tranquilamente: «Como dijo Winston Churchill: "El éxito no es definitivo, el fracaso no es fatídico; lo que cuenta es el valor para continuar."» O: «Dadme un respiro: solo he tenido éxito durante unas semanas.» Sí, podría haber dicho esas cosas, pero estoy bastante segura de que no lo hizo; sin embargo, dijera lo que dijese, me avergonzaba. ¿Por qué yo no sabía citar filósofos? Porque había abandonado los estudios. En el fondo (nada que ver con tener los pies en la tierra), el hecho de haber dejado de estudiar era un buen motivo para ponerse al día, pero no servía como excusa para no citar filósofos en las entrevistas. (¡Mike Douglas adora a los filósofos!) Los participantes del programa *The Dating Game* no dejaban de citar incorrectamente a las mentes más importantes. «La vida involuntaria es increíble», podría haber dicho Harrison sin que por ello dejaran de escogerlo como el tercer soltero más deseable.

Tras varios programas escuchando a Harrison en plan filosófico, decidí tomar medidas. Él había estudiado filosofía en la universidad, pero yo no podía permanecer impertérrita. Entonces se me ocurrió una idea: ¡consultaría a un catedrático de Filosofía! Y no de cualquier universidad: llamé al Sarah Lawrence College, en los suburbios de Nueva York, y pregunté si había un profesor a quien consultar. Vacilaron hasta que mencioné *La guerra de las galaxias,* y luego insinué que pronto podría compartir la pantalla con una mente superior intergaláctica conocida como Yoda, quien, por supuesto, diría lo siguiente: «Haz. O no hagas. Intentar no existe.» En cuanto a hacer, eso pareció dar resultado.

Y no se trata de que los directivos del Sarah Lawrence fueran menos fans de *La guerra de las galaxias* que la media de los humanos, o más que la media. Lo cual significa que se mostraron más flexibles acerca de la posibilidad de conseguirme un profesor. Una vez que recibí un par de clases de filosofía, descubrí dos programas de entrevistas en los que podría demostrar mi nuevo saber universitario, pero pronto me di cuenta de que era demasiado que dos actores empezaran a soltar perlas filosóficas ante un público cinéfilo: un poco como «lo que hace al mono contrabandista, hace a la mona princesa».

De modo que, afortunadamente, muy pronto abandoné la idea de intentar parecer inteligente y cultivada, y nunca volví a retomarla. Cuando no lograra pasar por eufórica y animada, sino más bien por una chica algo pedestre (pero sin paso de cebra), me las arreglaría para que pareciese un plan inteligente. No podían acusarme de interpretar un papel escasamente estelar en *El Show de Johnny Carson* sin que insistiera en que esa había sido mi intención inicial.

Intervinimos en tantos programas de entrevistas que acabamos sobreexpuestos. Hay cosas peores, pero en aquel entonces habría sido incapaz de adivinar cuáles. Sin embargo, seguimos adelante en nuestro papel de nuevas celebridades que adornaban programas televisivos por todo Estados Unidos. Al principio no nos dimos cuenta del enorme impacto de la película porque viajábamos a las capitales de todos los estados promocionándola, algo que, en realidad, haces cuando el film es una incógnita; me sentía una especie de fugitiva que intenta estar a la altura de algo y, al mismo tiempo, alejarse de un peligro que le pisa los talones. Al parecer, sin embargo, los cuerpos en movimiento tienden a permanecer en movimiento, así que ahí nos quedamos: en movimiento y en la carretera.

Para relajarnos, a veces íbamos a un parque de atracciones. Recuerdo uno en particular, en Seattle, donde Harrison (en realidad, todos nosotros) montó en una noria cuyos asientos consistían en jaulas que giraban a medida que el artilugio se movía. Como veis, no es fácil describirla, pero el caso es que Mark y yo fuimos los primeros en montarnos, así que cuando bajamos observamos cómo Harrison —quien, al igual que nosotros, aún llevaba la ropa que habíamos lucido en la tele, que no era muy adecuada para Disneylandia— subía a la atracción. ¡Y Mark y yo nos quedamos abajo riéndonos mientras él, con cara de póquer, colgaba cabeza abajo como un murciélago, vestido pero con una corbata colgada delante de su rostro serio!

En cierto modo, aquellas vueltas hacían que nuestro aspecto y nuestras sensaciones fueran idénticos a los de nuestra vida. No sé, había que estar en ese lugar. Y «ese lugar» era todos los lugares al mismo tiempo: nos habíamos transformado en charlatanes de feria de los viajes espaciales.

«¡Deprisa, deprisa! Acercaos y contemplad este nuevo y único producto llamado *La guerra de las galaxias!* ¡Una emocionante historia intergaláctica con secuencias de batallas, héroes, contrabandistas y princesas recorriendo el espacio a toda velocidad y pasándolo en grande¡ ¡Todo por el módico precio de cinco dólares! ¡Vosotros también os lo pasaréis en grande en el cine! ¡Deprisa, deprisa! Actuad ahora mismo porque la oportunidad solo dura...» Y seguimos viajando de un estado a otro, de una capital a otra, de un público a otro, voceando nuestra mercancía sin saber, a menudo, dónde estábamos.

Para mí, la peor parte de ese periodo «más que óptimo» fue cuando me fotografiaban. Odio salir en fotos, tal vez porque la cosa empezó cuando apenas llevaba seis horas en el mundo, mucho antes de que tuviera la edad suficiente para negarme con palabras. (Me vi obligada a protestar con expresiones infantiles y lanzando dardos ponzoñosos con mis ojos de bebé.) Lo detesté durante toda mi infancia —cuando no tendría que haber sido tan insoportable, ya que era joven y mona, incluso muy mona según con quién hablaras—, y ahora lo aborrezco. Sobre todo en esta época plagada de teléfonos inteligentes, cuando cualquiera puede tomarte una foto donde sea, y cuando no estás preparada para que te fotografíen (es decir, casi siempre), y sabes que la imagen no solo será pésima sino también un desdeñoso recordatorio de lo vieja que te estás haciendo y lo gorda que te estás poniendo, de lo que algún día fuiste, ya no eres y nunca volverás a ser. Y como si eso no fuera suficiente, esa horrible imagen solo le pertenece únicamente a algún desconocido, ya que este es libre de hacer lo que le apetezca con ella, en privado o con sus amigos.

La película se había estrenado hacía unas semanas y las colas daban la vuelta a la manzana. (De hecho, el término *blockbuster*, que significa «taquillazo» y está formado por las palabras *block*, «manzanas», y *buster*, «rompedor», se creó porque las colas para comprar entradas llegaban hasta el borde de la acera, las interrumpía el asfalto y continuaban en la siguiente manzana.) Yo solía pasar en coche con mis amigos por delante de los cines y me preguntaba, incrédula, cómo algo tan popular podía incluirme.

Un día conducíamos por el Wilshire Boulevard de Los Ángeles, y vimos que delante del cine Avco se extendía la cola más larga que había visto nunca. Evidentemente, me emocioné (*chuffed* es la expresión británica que mejor lo describe; adoro esa palaba, que significa «loca de alegría y presa de una emoción que intentas reprimir porque prefieres parecer guay»). Así que me puse de pie en el asiento del coche —no me limité a asomar la cabeza sino medio cuerpo a través del techo solar— y grité:

—¡Eh, actúo en esa peli! ¡Soy la princesa!

Eso despertó cierto interés, y las reacciones fueron de un desdeñoso «¡Qué gilipollas!» a «¿Crees que realmente es ella?», pronunciado con voz entrecortada.

—¡Actúo en esa peli! —repetí para los que no me habían oído, y, de pronto, cuando caí en la cuenta de lo que acababa de hacer, y temiendo que alguien pudiera identificarme, volví a sentarme y le dije a mi amiga—: ¡Deprisa! ¡Acelera!

Así que ella pisó el acelerador y nos alejamos a toda velocidad.

Al parecer, la única pregunta que la gente no puede dejar de hacerme es la siguiente: «¿Intuías que *La guerra de las galaxias* se convertiría en semejante éxito?» Bien, dado que en realidad nunca había existido una película tan exitosa, ¿quién podría haberlo imaginado?

Hoy he empezado a responder a esa pregunta de otro modo. Ya no contesto «No lo sabía», sino: «Pues en realidad creía que sería un fenómeno aún mayor, así que cuando no fue así (cuando *La guerra de las galaxias* y sus secuelas dejaron de cumplir mis expectativas), imaginaos lo desanimada y desilusionada que me sentí y sigo sintiéndome.»

Imaginaos cómo me sentí cuando mis sueños y fantasías previas dejaron de cumplirse. ¿Qué habríais hecho en mi lugar? ¿Os habríais tirado a las drogas? ¿Habríais enloquecido? ¿Las dos cosas, tal vez?

El lap dance de Leia

—¿Podrías dedicársela a Jerry? Hoy no ha podido venir, le están dando quimioterapia, pero ha sido tu mayor fan desde que era un niño. Vimos con él las películas cuando tenía tres años. J-e-r-r-y. Sí, con jota, correcto. ¿Y podrías escribir «que la Fuerza te acompañe»? No imaginas lo que significaría para él. Cuando le dije que estarías aquí lloró... Muchísimas gracias. Es que adora *Star Wars*.

»No puedo creer que seas tú. Si cuando vi *La guerra de las galaxias* alguien me hubiese dicho que me encontraría a la princesa Leia cara a cara, habría creído que se estaba burlando de mí, ¿sabes? En aquel entonces... Ay, lo siento mucho, una adulta llorando como un bebé, pensarás que soy una tonta... No, está bien, ya no me importa tanto lo que la gente piense de mí. Aún me duele, claro, pero no tanto como para volverme inútil.

»Y en parte se debe a ti. La princesa Leia supuso una inmensa inspiración para mí. Pensé: ¡Si yo, de adulta, pudiera ser como Leia, aunque solo fuera un poco! Porque un poco como tú me parecía muchísimo. Y, entonces, cuando me hice adulta o más vieja, o lo que sea, y estaba en la cola de la caja rápida del supermercado leyendo la revista mientras esperaba que pagaran clientes con más de veinte artículos cuando se suponía que no podían tener más de una docena... Así que mientras esperaba, hojeé esta revista y me encontré con esa imagen tuya. Podría no haberte reconocido, pero en la página siguiente había una foto tuya con el traje de esclava.

»Así que empecé a leer, y te juro que llegué a creer que no fue casualidad que encontrara esa revista en la que apareces. No sé si crees en... ya sabes, dudo que creas en Dios o lo que sea, pues siempre he oído decir que las celebridades son... ¿Crees en Dios? Vaya, lo llames como lo llames, a Él o Ello o...

»Mírame, aquí estoy dándote la lata cuando hay tanta gente esperando. Cerraré el pico y dejaré que te ocupes de ellos, pero, antes, ¿podría pedirte un pequeño favor? Una foto. Porque ¿cuántas veces alguien está al lado de...? Lo siento, no puedo dejar de hablar, estoy tan emocionada y tan nerviosa por haberte conocido... Espera a que se lo cuente a Ira en el banco de sangre, él dijo que probablemente yo jamás...

»¿Mi cámara? Está en mi bolso. ¡Creo... vaya, espero que lo esté! Sería... sería el acabose, como solía decir mi madre. Ojalá siguiera con vida. Falleció justo cuando estrenaron la primera película de la saga. Recuerdo que en el velatorio mis primos hablaban de esa película delirante que acababan de estrenar, el miércoles. ¿Verdad que es curioso?

»Al principio, todo me resultó muy duro, y si no hubiera sido por *Star Wars,* juro que no sé si habría sobrevivido. Dios se llevó a mi madre al cielo con Él y me condujo a *Star Wars.* Me dio a ti, a Luke y a Han, y de algún modo eso fue suficiente. No quiero decir "suficiente" como si tener la película supusiera que mi madre volvería a la vida para bordar otro de sus absurdos bordados o... Eso hace que parezca una de esas madres tipo Betty Crocker, pero ella no se parecía en nada. Mi madre era muchas cosas; mi hermano podría contártelo. Tendría que haber estado aquí, pero no pudo dejar el trabajo. Ben y yo solíamos seguir a mi madre sin que ella lo notara para asegurarnos de que no se metía en líos... Lo siento. ¿Qué? Ah, Ben es mi hermano. Ben, como Ben Kenobi, solo que no, porque mamá murió antes del estreno. Es lo único que lamento. No me gusta lamentarme demasiado, pero de verdad creo que si mi madre hubiera podido ver vuestras películas, ella... Bueno, no merece la pena llorar por los muertos.

»Por cierto, ¿cómo está tu madre? Lamenté mucho lo de tu padre. ¿Tú y él alguna vez...? ¿La foto? Ah sí, por favor. ¿Hay alguien que pueda tomarla para que ambas aparezcamos en ella? De lo contrario, no me creerán cuando yo... ¿La tomarías? ¡Qué buena eres! Solo tienes que presionar aquí cuando la hayas encuadrado correctamente... Un segundo... ¿Podrías rodearme con el brazo? Puedes negarte, solo tenía que... ¡Qué buena eres! Nunca olvidaré este día, incluso sin la foto... ¿Estamos centradas? ¿Segura? A ver, no te muevas... ¡Sonríe!

La palabra «autógrafo» proviene originalmente de los términos griegos *autos* («sí mismo») y *graphos* («escrito»). Se refiere a la firma de una persona famosa. El *hobby* de coleccionar autógrafos —la costumbre de acumular semejantes recuerdos que a menudo son arrancados con entusiasmo, o bien de manera salvaje, a las «celebridades»— se conoce como «filografía» (o de vez en cuando como «desagradable»).

Algunos de los firmantes más buscados son los presidentes, héroes militares, iconos deportivos, actores, cantantes, artistas, líderes religiosos y sociales, científicos, astronautas, autores y Kardashianes.

Un recuerdo obtenido engatusando o engañando a una celebridad por alguien radiante de entusiasmo al reconocer un rostro familiar. Un rostro tan conocido como el de un íntimo amigo o un familiar, solo que esa familiaridad es completamente unilateral.

Crecí viendo a mi madre firmar autógrafos; escribía su nombre en fotografías (en las que salía sonriendo) o en trozos de papel en blanco que le tendían las manos ansiosas de extraños que la adoraban. Sus fans. El *Oxford Dictionary* dice que probablemente la palabra «fan» proviene de la palabra «fanático», que significa «marcado por un entusiasmo excesivo y a menudo una devoción intensa y acrítica».

Todo lo que Debbie Reynolds sabía de sus fans era que apreciaban su talento. Invertían en ella trozos diminutos de su alma. Cuando mi padre la abandonó por Elizabeth Taylor y la dejó retorciéndose tristemente bajo los focos del mundo y con dos desconcertados niños pequeños, compartieron su dolor.

Esa clase de familiaridad generó algo bastante opuesto al desprecio, aunque igual de intenso. De algún modo, Debbie pertenecía al mundo, y aunque la mayoría de la gente se conformaba con adorarla a cierta distancia, los auténticos *fans* querían hacer prevaler una suerte de derecho de propiedad, exigiendo tímidamente o suplicando que les proporcionara una codiciada prenda que, en la época anterior a los *selfies*, demostrara a todos, y para siempre, que había habido un encuentro. ¡Un roce íntimo con uno de los ungidos cinematográficos!

Yo solía permanecer lealmente junto a mi madre, observando mientras esos admiradores en busca de recuerdos (AEBDR) se volvían efusivos y soltaban risitas en su presencia. Veía, desde más allá del candelero, cómo ella garabateaba su maravillosa firma en las fotos, los discos y las revistas —cuyas portadas falseaban las «noticias» del escándalo al que había sido sometida— que a veces le tendían unas manos ansiosas.

—¿Y cómo te llamas? ¡Qué nombre tan bonito! Tan original... ¿Se escribe con i griega o con i latina? Mi tía se llamaba Betty. La quería mucho. Sí, pero solo si haces la foto rápido. Como verás, estoy con mi hija...

—¡¿Tu hija?! —exclamaban esas devotas, dirigiéndome una breve mirada—. Es verdad. ¡Tienes una hija! ¡Dios mío, no era consciente de que había crecido tanto! ¡Es una belleza, como su madre!

Yo fruncía el entrecejo y desviaba la mirada. Se suponía que eso no debía suceder; yo estaba allí como observadora, no para ser observada, una testigo de los misterios del mundo. Una arqueóloga, no la fosa. Me sonrojaba y bajaba la cabeza cuando de pronto me convertía en el centro de atención.

—¿Verdad que es preciosa?

No recuerdo cuándo empecé a referirme al hecho de firmar autógrafos por dinero como el *lap dance* de una celebridad, pero estoy segura de que se me ocurrió bastante pronto. Es un *lap dance* sin meter dinero en efectivo en la ropa interior, y no hay barra... ¿O es que la barra está representada por el bolígrafo?

En todo caso, supone una forma superior de prostitución: el intercambio de una firma por dinero, a diferencia de un baile o una restregada. En lugar de quitarse la ropa, la celebridad elimina la distancia creada por la película o el escenario. Ambas suponen traficar con la intimidad.

Durante muchos años, yo, al igual que tantas otras celebridades de sólidos principios y carreras florecientes, podía darme el lujo de rechazar con gesto arrogante todas las ofertas para realizar comparecencias sin duda indignas y que, acompañadas de un incentivo económico, solo podían ser experimentadas por cuantos realizaban dichos actos indignos como (a falta de una palabra mejor) prostituirse.

Es indudable que al «venderse» uno siente vergüenza y bochorno, pero si se vende por una cifra lo bastante elevada, la humillación es más pasajera. Y la distracción que supone comprar unos cuantos artículos de lujo o pagar cuentas convierte la vergüenza en algo parecido al bochorno provocado por un indeseado aumento de peso.

Por otra parte, ¿qué significa la pérdida de autoestima a cambio de dejar de preocuparnos por los impuestos o por unos monstruosos gastos generales? Así que, con el tiempo, he logrado revisar mi concepto de la palabra «dignidad» hasta incluir cómodamente el *lap dance*.

Era algo que debía asumir: como si descubres que tu hermana mayor en realidad es tu madre, o ganas la lotería pero solo puedes gastarte el dinero el día de Navidad. No es un problema; solo hay que adaptarse. Si dispones del tiempo suficiente, puedes acostumbrarte a lo que sea, aunque hay cosas, como la tortura, que requieren un esfuerzo casi inimaginable. Pero garabatear mi nombre para extraños resultaba algo de lo que era perfectamente capaz.

Además, con el tiempo, un número de celebridades cada vez mayor han prestado sus caras para promocionar productos de toda clase, desde coches hasta cosméticos, pasando por bebidas efervescentes y ese submundo que se encuentra más allá del yogur. Nada era imposible en el universo siempre en desarrollo de la promoción de un producto por parte de una celebridad, así que, ¿por qué habría de avergonzarme pasar tantos días firmando pósters de mí misma, o incluso estampando mi firma en el cuerpo de otro ser humano, que después se haría tatuar esa firma en la piel para siempre? ¿Por qué debería avergonzarme más que el hecho de que Julia Roberts o Brad Pitt promocionaran un perfume de alta gama que todo el mundo sabía que no llevaban, o que Penélope Cruz apareciera en un anuncio publicitario desmayándose de placer por un capuchino?

Bien, hay motivos, y el más importante es que ganar setenta dólares por firma no se puede comparar con los millones que el señor Pitt o la señorita Roberts reciben por una sesión fotográfica de unas horas. Se podría comparar con la diferencia entre prostituirse en el East Village y hacerle una paja a un agradecido duque o duquesa.

La primera vez que me contactaron para que fuera a una Comic-Con, la gigantesca convención del cómic, dije: «Ni muerta aparecería en uno de esos rodeos de viejas glorias.» Pero resultó que asistí viva a esos rodeos, y con la suficiente frecuencia como para desear estar muerta.

—No me gusta convertir esto en una práctica habitual pero está bien, solo por esta vez firmaré como princesa Leia. Aunque sabes que en realidad no soy ella, ¿verdad? Puede que me parezca a ese personaje que no existe fuera de la pantalla en forma humana... Vaya, quizá no me parezco tanto a ella como antes, pero durante un tiempo era casi idéntica a ella.

—¿Podrías dedicársela a Zillondah? Dos eles, una o antes de la ene y a ache al final. Una de las eles es silente.

—¡Venga ya, supéralo, joder! —os oigo decir—. Querías estar en el mundo del espectáculo, ¿no? ¡Pues lidia con ello!

¡Pero yo no quería! Solo resultó que era mucho más difícil permanecer fuera que entrar en él.

La celebridad perpetua —o sea, cuando cualquier mención tuya interesará a un importante porcentaje del público hasta el día que te mueras—, incluso si ese día llega décadas después de tu última auténtica contribución a la cultura, es sumamente rara, reservada para individuos como Muhammad Ali.

La mayoría de las celebridades disfrutan de la fama corriente, en la que periodos prolongados de calma se alternan con breves estallidos de actividad, cuya intensidad y frecuencia disminuyen cada vez más hasta que la luz de las estrellas se extingue por completo, momento en el cual hay un último estallido de nostalgia: la muerte del icono ya perdido.

Así que yo lo sabía. Sabía que lo que les espera a casi todos los que llegan a la pantalla también me esperaba a mí: el intento de volver a las pantallas, las memorias, la(s) temporada(s) en una clínica de rehabilitación (a finales de los años setenta, la opción de perdurar en uno de esos *reality shows* de la tele todavía no existía). Sabía que esa era la naturaleza de este negocio antinatural: que si no fuese por la mala suerte de otra estrella, yo iría a parar allí. No se me había ocurrido una alternativa viable, así que, cuando mi momento de gloria se presentó, no tuve el valor de rechazarlo. ¡Y no se trataba de un caballo regalado: era un galope regalado!

Pero por inevitable que sea, conoces a personas que creen que durará para siempre. Esa bella actriz, una joven estrella de una franquicia recientemente exitosa, que sonríe de oreja a oreja... Un momento: tal vez no sonría tanto.

—Lo siento, no tengo tiempo de personalizarla —le dice al emocionado fan que le muestra una foto de ella en bikini, tendida en una playa bajo un sol tropical.

—Pero hace casi dos horas que espero —suplica el fan, frunciendo el ceño—. ¿No podrías...?

—¡No! —exclama ella en tono áspero, indicando la larga cola a sus espaldas—. ¡Ellos han estado esperando tanto como tú! —Está harta de todos esos entusiastas adoradores que la agobian—. ¡Uno de ellos me pisó el pie! ¿Lo ves? —La bella actriz señala, con expresión de enfado, una pequeña marca roja en su tobillo—. ¡Ay! —añade para darle énfasis—. ¿Cuánto tiempo más debo quedarme aquí? —pregunta a su asistente con mirada furibunda.

Este se inclina hacia ella con expresión de nerviosismo y sudando a mares.

—Hemos cortado la cola en la entrada oriental. Lo único que has de hacer es firmarles la foto a los que entraron antes del corte. No debería llevarte mucho tiempo. ¿Quieres un vaso de agua? ¿Un tentempié?

La bella actriz pone los ojos en blanco con impaciencia.

—Dios... —murmura en voz baja—. Pues entonces tráeme unas patatas fritas. O una *crêpe* de manzana.

Su asistente suelta un suspiro de alivio.

—¡Ahora mismo! No te preocupes, enseguida vuelvo.

La bella actriz hace una mueca, sacude la cabeza y mira al fan, que espera hecho un manojo de nervios. Ella cierra los ojos.

—¿Te he firmado tu foto? —ladra, asustándolo hasta dejarlo mudo—. ¿Sí o no?

Irónicos y resignados, sus homólogos más viejos observan desde sus mesas cubiertas de fotos en ese cavernoso centro de convenciones, solo armados de sus bolígrafos y sus sonrisas estoicas, arrinconados en el lado oscuro de sus estrellas antaño brillantes; los días en que eran el centro de atención casi forman parte del pasado, por no hablar de sus días en general... ¡Allí está Bill Shatner!

Dedican mucho menos tiempo a firmar que a esperar para complacer al próximo fan, perdido hace tiempo, en busca de una firma nostálgica. Firmando fotos tomadas cuando aún estaban seguros de que tenían todo el futuro por delante, sus deslumbrantes y multicolores futuros repletos de masas de admiradores pendientes de sus movimientos y sus palabras. En aquel entonces, el mundo, curioso, apenas parpadeaba. Hoy dormita.

Tal es el destino que aguarda a todas las celebridades, pobrecitas... Esperar a un público que o bien ya no vive, o bien apenas sigue interesado, haciendo un gran esfuerzo por parecer animados y optimistas mientras aguardan el día en que sus fans regresarán a ellos, pues entienden que su actual indiferencia solo es el resultado de un malentendido pasajero que pronto quedará solventado.

Hasta entonces, lo único que tienen que hacer es fingir que, en realidad, no está ocurriendo: «No, lo siento, no puedo hacerlo ese fin de semana. Tengo un *lap dance* en San Diego.» Era una metáfora tan obvia para mí —¡que la metáfora sea contigo!— que resultaba fácil olvidar que el diccionario aún no había aceptado la expresión. Claro que mis amigos y mi familia comprendían la alusión, pero demasiado a menudo yo solía olvidar que no conocía lo bastante a alguien que solo había cruzado el excéntrico vestíbulo de mi vida. Por ejemplo, en una tienda donde, enfrentada a la etiqueta de un artículo excesivamente caro, diría: «Mierda, no puedo darme este lujo hasta después de mi *lap dance* del mes que viene.»

Seguiría hablando en tono despreocupado durante un par de frases hasta notar la expresión azorada de la vendedora de la tienda de alta gama. —«Lo siento, lo siento —añadiría—. No quise decir un *lap dance* real, aunque podría serlo. Se trata de un acto en el que firmo fotos por dinero, que casi me meten en la ropa interior y... Olvídalo, no lo hacen... ¿Puedes reservarme esto durante unas semanas?»

Es justo concluir que mi *lap dance* era una penitencia necesaria por mi afición a ir de compras... ya sea por regalos para mis amigos y meros conocidos o por otra divertida y antigua mano, ojo o pie, un gnomo, algo de videoarte o una cabina telefónica británica para mi ingeniosa y vistosa casa. (Disfruto de los pros y los contras que supone mi capacidad de encontrar los a menudo ocultos encantos de los numerosos y discutibles objetos artísticos, por no hablar de animales y seres humanos.)

Si no tuviera que poseer cosas —y hacer una donación a determinada causa o un préstamo que no esperaba, o un regalo inevitable—, tal vez no me hubiera visto obligada a desplazarme a esa ciudad o a ese país para pronunciar un discurso o participar en un todavía más raro espectáculo autográfico.

Ya tenía bastante más de cuarenta años cuando, al tiempo que amanecía el nuevo milenio, Ben Stevens (de Official Pix) se puso en contacto conmigo para preguntarme si estaría dispuesta a hacer «una sesión de firmas». Fruncí el entrecejo involuntariamente, asqueada. ¿O acaso no debes desesperarte por tener que sentarte detrás de una mesa cubierta de fotos y bolígrafos? Por cierto, ¿habría *merchandising*?

—No hay *merchandising* —respondió Ben con una sonrisa compasiva y en tono enfático, como asegurando que esa ausencia de transacción comercial mantendría intacta mi dignidad—. Solo tienes que firmar fotos, y si quieres ganar un poco más de pasta, podrías tomarte unas fotos con los fans. No más de cincuenta, a menos que quieras más. Por supuesto, yo y mi equipo estaremos allí para asegurar que todo sale bien y con rapidez, y que tú ganas la mayor cantidad de dinero posible.

¿Cómo he llegado hasta aquí? No necesitaba dinero con tanta urgencia, ¿verdad? Bueno, eso depende de la definición de «necesitar». ¿Era tan rica como la mayoría de la gente (saturada por los medios) suponía, dada mi vinculación a uno de los mayores fenómenos lucrativos del país? Ni por asomo. Insistir en obtener cierto porcentaje o una parte del *merchandising* no fue una opción (ni siquiera una ocurrencia) para una chica de diecinueve años que firmaba el primer contrato de un papel protagonista en una pequeña película de ciencia ficción.

Sin embargo, no cabe duda de que a los veintipocos años poseía una cantidad considerable de dinero. ¡Genial! Entonces no tenía que pensar en esas cosas. Podía pagarle a alguien para que abonara mis facturas, mi dinero estaba a buen recaudo y nadie amenazaba con robarlo. ¡Genial! Mi actitud era la siguiente: «Encárgate de ello. Solo debes garantizarme que pueda ir de compras y viajar lo máximo posible. Los números no se me dan bien, ¡así que tú cuenta mientras yo descanso!» ¡Despreocupadamente!

Eso funcionó bien.

Tras dos décadas y después de un administrador ratero, ya no me quedaba dinero. Mi casa —o más concretamente la casa en la que el banco me permite vivir, por ahora— estaba hipotecada hasta las nubes, y resultó que esas nubes eran de tormenta.

Me había convertido en una rica pobre. Tras retozar en el estilo al que por desgracia me había acostumbrado, tuve que activarme. Acepté un trabajo que consistía en redactar artículos de viajes para revistas, a fin de dar vueltas alrededor del mundo arrastrando a mi pequeña hija.

Cuando Billie tenía cuatro o cinco años, aparecí en todos los Disneylandias del planeta. (¡Lo único que Billie sabía era que no teníamos que hacer cola y que podíamos montar tres veces en el Matterhorn y almorzar con Dumbo!) Así que si bien, cuando Ben Stevens me llamó, todavía no había perdido mi virginidad acerca de las convenciones, lo cierto era que había dejado de ser una inocente a la hora de venderme a mí misma, o al menos a mi yo-Leia.

Tu érase una vez ha llegado a su fin
El príncipe azul ha sido secuestrado
Tinkerbell se droga con polvo de ángel
El Matterhorn ha entrado en erupción

Tu érase una vez ha llegado a su fin
Tammy suelta tacos
Dumbo tiene un doctorado en Filosofía
La edad de Leia es 2 × 30

• • •

Allí estábamos, en el inmenso centro de convenciones, casi del tamaño de un campo de fútbol. Uno al lado del otro, sentados ante largas mesas delante de grandes cortinas azules que separaban a las celebridades de... ¿qué? De mesas redondas cubiertas de montones de fotografías de distintos tamaños.

Hemos avanzado —envejecido y, en algunos casos como el mío, nuestras cinturas han engordado un poco—, pero las imágenes no han cambiado. En las fotos, el tiempo se ha detenido y en general aparecemos en una escena de una vieja película, atrapados para siempre sonriendo o desmayándonos, contemplando o reflexionando, y justo debajo de esa expresión momentánea (esa fracción de segundo extraída de todos los años de nuestra vida) será garabateada una firma por un precio simbólico. Ese *souvenir*, que ya será del fan para siempre, captura dos instantes: el del remoto pasado, cuando se tomó la foto, y el más reciente, cuando esa firma se estampó solo para ese fan (o para un amigo o afortunado pariente cuya vida realzarás generosamente). Dos momentos separados por décadas y ahora unidos para siempre.

Permanecemos sentados aguardando, con mayor o menor elegancia, nuestra próxima cita destinada a intercambiar autógrafos por dinero: sí, dinero de verdad, billetes, de esos en los que prometen que un año de estos aparecerá la imagen de una mujer. El dinero da derecho al fan a escoger el color de la tinta —un arcoíris de bolígrafos de diversos colores cubre la mesa— y el nombre del personaje que quiere que aparezca bajo la firma del actor. Y tal vez uno de los diálogos pronunciados por dicho personaje.

Finalmente, y para muchos, es lo más importante: la capacidad de forjar un intercambio excepcionalmente personal entre el *lap dancer* y el destinatario, algo muy fácil de documentar en la era de los teléfonos inteligentes. Como mínimo un *selfie*, pero aún mejor un vídeo de tu ídolo conversando... ¡nada menos que contigo! Un recuerdo digital que podrás llevar contigo y del que podrás presumir —ante aquellos que, al menos eso es lo que uno espera, compartirán tu entusiasmo en vez de reaccionar con expresión hastiada— hasta el fin de los tiempos, o al menos hasta que pierdas el móvil cuyos contenidos olvidaste pasar a una copia de seguridad. Porque entonces no solo habrás perdido tu móvil, sino también la prueba de tu contacto con la estrella.

Pero habrá otra Comic-Con —hoy en día son frecuentes—, donde, si tu suerte con las luminarias prevalece, volverás a encontrarte (o más precisamente, te las arreglarás para estar) en las inmediaciones del último *lap dance* de la celebridad que has escogido, y entonces podrás decir:

—¡Eh, Carrie, soy yo, Jeffrey Altuna! Nos conocimos en la Comic-Con celebrada en Florida el año pasado. ¡Yo estaba con esa chica llamada Corby, que tiene un tatuaje de Leia como esclava en el hombro! ¡Sí! ¡Correcto! ¿Cómo estás? Estamos aquí visitando a amigos en Houston y, qué suerte, este es el fin semana de la Comic-Con. Y, por cierto, Cheryl, esta es mi mujer (saluda, cielo). Bien... diablos, he perdido el hilo de lo que estaba diciendo... Solo que volver a verte es genial. ¡Y a *Gary*! ¡Hola, chico! Veo que todavía llevas la lengua colgando. ¡Dios, es tan mono! Tenemos uno que es una mezcla de terrier escocés con caniche, mi hijo mayor lo llama *terriniche*, y lo adoramos, pero no es tan listo como el tuyo. ¿Lo conseguiste a través de una página de Twitter, tal como dijiste? ¡Instagram! ¡Aún mejor! ¡Qué impresionante! ¿Tiene muchos seguidores? ¿Cuarenta y un mil? ¡Esos son más de los que tiene la mayoría de los humanos! Me voy a hacer seguidor suyo ahora mismo. ¿Cómo se llama la página? *Gary Fisher @garyfisher* ¡Genial! ¿Cómo se te ocurrió? ¡Estoy bromeando! ¿Qué crees que soy un fan imbécil? ¡No, sigo bromeando! Somos grandes fans tuyos, te adoramos por limitarte a ser quien eres; quizá no normal, pero tampoco anormal, ¿sabes? Espero no estar hablando demasiado... Supongo que sí por la cara que pone Cheryl, me conoce bien, pero ¿puedo preguntarte algo? Y no me refiero a una oscura y secreta primicia ni nada por el estilo, porque sé que no puedes contármela, pero Bob, mi vecino, lee todo lo relacionado con esto, y supuso que la piel del chico negro es oscura debido a un hechizo que le impuso el Lado Oscuro. ¿Es verdad? Si lo es, solo asiente con... Lo sé, lo sé, lo siento, pero es que le prometí a Bob que si te veía te lo preguntaría, ¡y, bueno, aquí estamos! No podía dejar pasar semejante oportunidad, ¿verdad? Sí, claro, no, de acuerdo: la cola es bastante larga. Te dejaré en paz. Solo quería... Me alegro mucho de volver a verte y espero el estreno del dieciocho de diciembre con impaciencia. ¡Qué ganas! Bueno, adiós, *Gary*, cuida de tu mamá, ¿me oyes? ¡Adiós!

Quiero que sepáis que los fans no despiertan mi cinismo. (Si creéis que soy una cínica no os caería bien, y eso frustraría el propósito de este libro y de muchas otras cosas que hago.) Al contrario, me conmueven.

Que la gente haga cola durante tanto tiempo es conmovedor y misterioso, y, con muy escasas excepciones, las personas que conoces durante un *lap dance* son encantadoras. Las películas de *Star Wars* les afectaron de un modo increíblemente profundo o significativo; lo recuerdan todo acerca del día que vieron cada uno de los films de la primera trilogía (oficialmente, los *Episodios IV, V y VI*): dónde y con quién habían ido al cine y los obstáculos que tuvieron que superar (¿faltar a clase?) para estar allí. Cómo la experiencia superó todas las expectativas que albergaban y cambió su vida, hasta el punto de que a partir de ese día nada volvió a ser lo mismo.

De modo que cuando se encuentran conmigo, muchas de esas personas ansían contarme todas esas cosas y más, y con lujo de detalle.

Está esa chica con mi firma tatuada en el trasero; la pareja que le puso Leia Carrie a su hija; el tío que se hizo cambiar legalmente el nombre por el de Luke Skywalker (imaginaos la cara del policía cuando detiene a Luke Skywalker por exceso de velocidad: «¿Qué ha ocurrido? ¿Es que Obi-Wan no te ha dejado usar el caza Ala-X esta noche?»). Celebran bodas donde, en lugar de los votos matrimoniales habituales, uno dice «Te amo» y el otro contesta «Lo sé». Acuden vestidos con los trajes de las películas y no solo las mujeres llevan el bikini metálico, también algunos hombres, y están fantásticos.

En su mayoría son simpáticos y amables, y como si eso no bastase, a menudo aparecen vestidos con asombrosos trajes confeccionados por padres obsesionados con Alderaan y que alimentan a sus hijos con la Fuerza. Diminutos Ben Kenobi, pequeños Luke, Darth Vader en miniatura y mis predilectas: minúsculas princesas Leia.

Me presentan esas pequeñísimas Leia como diminutas ofrendas, preciadas posesiones alzadas en brazos para recibir mi bendición y mis elogios. ¿Acaso los niños saben que están disfrazados de «mí»? ¡Por supuesto que no! Los menores de cuatro años solo saben que tienen calor, que hay demasiada gente dando vueltas por todas partes y que lo único que quieren es irse a casa o a cualquier sitio donde no tengan que hacer cola con otros niños enfundados en trajes de ciencia ficción.

Un día vino una niñita a la que le habían dicho que conocería a la princesa Leia; imaginaos su emoción... hasta que me vio.

—¡No! —chilló, apartando la cabeza—. ¡Quiero la otra Leia, no la vieja!

Su padre se sonrojó y luego se inclinó hacia mí, murmurando:

—Bueno, no quiso decir eso. Acabamos de ver las primeras tres películas y nos gustaste tanto en ellas...

—¡Por favor! —lo interrumpí—. No tienes por qué disculparte por que le parezca más vieja a tu hija después de cuarenta años. Yo también me veo más vieja y no me pido disculpas... aunque a lo mejor debería hacerlo.

Se produjo una situación ciertamente incómoda: la niñita era incapaz de mirarme y enfrentarse a los efectos del tiempo. Por fin, todo acabó bastante bien: yo prometí hacerme la cirugía estética (tras explicarle a la pequeña qué era eso) y conseguí que el padre prometiera leerle a su hija fragmentos de mi libro *Wishful Drinking* [Bendito alcoholismo] y que ambos contemplarían las imágenes para que ella viera cómo era la Carrie del presente y lo bonita que podía ser una vez que la eternamente extraordinaria Leia hubiese llegado a su fin.

Los fans más jóvenes que sí saben dónde están (y dónde es probable que estén durante bastante tiempo) rara vez parecen contentos, y cuando por fin alcanzan su inexplicable destino, la timidez los paraliza y se esconden detrás de sus padres disfrazados de soldados imperiales. Los más ansiosos, confusos o hambrientos, lloran de miedo, vergüenza o exasperación, o de las tres cosas a la vez, mientras me esfuerzo por consolarlos, porque su dolor es palpable y yo soy una persona muy empática.

Y aunque la mayoría de los adultos se muestran corteses, algunos no consiguen simpatizar del todo conmigo. Saben que quizá me estén molestando con sus peticiones (un *selfie*, una larga dedicatoria, unos cuantos extras «para mis amigos, que adoran *Star Wars* tanto como yo, uno de ellos incluso más»), y se apresuran a reconocerlo y simular que aceptarían una negativa. Pero, joder, saben que no me están pidiendo algo tan difícil; presentan sus peticiones fingiendo que puedo negarme a satisfacerlos, pero todos sabemos que el intercambio podría no tardar en convertirse en lo siguiente: «Bueno, querías formar parte del mundo del espectáculo, pero si no estabas dispuesta a que la gente te pidiera un autógrafo, nunca deberías haberte convertido en actriz.»

Con frecuencia también quieren que escribas un fragmento de diálogo, y fue de esa manera como llegué a comprender quién creían que era Leia. Sabía quién era para las mujeres, pero a los hombres realmente les gustaba su nada amenazadora mala leche, que quizá resultaba aún menos intimidante debido a mi baja estatura. Todas las frases que quieren que escriba son como esta: «¿No eres un poco bajo para ser un soldado de asalto?» La favorita es: «¡Vaya, sí que eres un pastor creído... desaliñado e imbécil!» Les encantan.

Estoy ahí sentada ante todas esas imágenes mías de hace tantos años y procuro que, de algún modo, contemplarlas resulte interesante. No recuerdo cuándo fueron tomadas ni quiénes eran los fotógrafos. Una imagen en particular hace que me sienta contenta y triste al mismo tiempo: es una muy popular en la que parezco completamente colocada. De vez en cuando me gusta preguntar: «¿Qué aspecto tengo en esta foto?» Los más bondadosos contestan que parezco «somnolienta» o «cansada» o «casi disponible».

Un día, mientras firmaba una foto de hace una década en la que aparezco con el culo al aire, me di cuenta de que había sido un *sex symbol*. Y me parece increíble usar esa palabra para definirme a mí misma. A veces reacciono ante esa imagen con desencanto o casi resentimiento por haber profanado mi cuerpo dejando que a mi edad aumente hasta este punto. Es como si me hubiera teletransportado a mí misma, me hubiese arrojado huevos, o pintarrajeado como si fuese una mocosa pendenciera, y algunos se espantan. Ojalá hubiera sabido que al llevar eso firmaba un contrato por el que siempre seguiría siendo un *sex symbol* que permitiría a los fans conectar con sus yos más jóvenes y ansiosos; querían estar conmigo sin comprender que aquello era el pasado, que ya no era urgente y que, más que como una realidad actual, había que aceptarlo como un recuerdo.

Aunque es un honor haber sido el primer flechazo de tantos chicos, me cuesta imaginar que haya pasado tanto tiempo metida en tantas cabezas... y, además, en un periodo de sus vidas particularmente especial. Un día, mientras terminaba de estampar mi firma en otra fotografía mía de joven y con aquel bikini metálico, me pareció que alguien me había convencido de que si firmaba un número suficiente de imágenes provocadoras, por arte de magia volvería a ser joven y delgada.

—Fuiste mi primer flechazo.

Lo he oído tantas veces que empecé a preguntarme quién había sido el segundo. Sabemos qué significa el primer flechazo para un adolescente, pero ¿y para un niño de cinco años?

—¡Es que creí que eras mía! Que yo te había encontrado y era el único que sabía lo guapa que eras... porque tu belleza no era como la de las demás mujeres que salían en las películas, ¿sabes?

Él se dio cuenta de que tal vez podría malinterpretar sus palabras. No quiso decir eso. Lo tranquilicé, le toqué el brazo... ¿Por qué no brindarle una anécdota?

—Sé lo que quieres decir, todo está bien. Continúa.

Él me observó para comprobar que hablaba en serio.

—Así que mi amigo, cuando le cuento lo del flechazo, dice: «¡Sí, es despampanante! Yo también estoy enamorado de ella. Todos lo están.» Me enfadé. Podría haberle pegado un puñetazo.

—¿Por qué?

—Porque eras mía y yo quería ser el que te amara. Incluso ayudarte... —afirmó, abochornado—. En fin, quería contártelo. —Se encogió de hombros y antes de dar media vuelta para marcharse añadió—: Gracias por mi infancia.

¡Y pensar que me reconocía ese mérito, que me lo agradecía! Porque no se refería a toda su infancia, sino a las partes buenas y en las que se refugiaba. Estoy agradecida por esas partes buenas que compartió conmigo, y ese honor debería ser, y es, compartido con George Lucas. Y con Pat McDermott.

—Vimos la película con mi hija a los cinco años y ahora estamos calculando cuándo hacerlo con nuestro hijo, que tiene cuatro y medio. ¿Qué opinas?

Es como si al niño le presentaran una tribu, en

una especie de ritual. Sostienes a tu hijo por encima de la cabeza, lo acercas a una suerte de montaje tipo *El mago de Oz* y dices: «Mira esto.» Después lo observas mientras está viendo *La guerra de las galaxias* e intentas descubrir cuánto tienes en común con él, con qué personajes se identifica, a quién apoyará, y confías en que al final podrás seguir queriéndolo como antes. (Le puse la película a Billie cuando tenía cinco años y lo primero que dijo fue que el volumen era excesivo. También lo segundo y lo tercero.)

Si logras descubrir un lenguaje común entre un niño de cinco años y un abuelo de ochenta y cinco, ya has ganado algo, y los fans de *Star Wars* lo tienen. En cierto modo, es como si supieran que disponen de un importante don y quisieran otorgarlo de la manera más perfecta posible: el momento y el lugar perfectos, la situación idónea para transmitir esa experiencia definitoria. Y durante toda su vida, los chicos recordarán lo que sintieron la primera vez que vieron su película favorita. Además, fueron sus padres quienes les hicieron ese regalo, y pueden compartirlo. Una auténtica experiencia familiar.

—Mi madre me la puso a los seis años —dijo una madre—, y activó mi vida.

Las mujeres me perdonan que llevara el bikini metálico porque saben que no lo hacía por elección propia, y dejan que les guste a sus hombres —incluso que tengan sus pequeñas e inocuas erecciones— porque saben que no solo represento algo sexual. Estoy segura de que no presté suficiente atención a cómo eran las cosas a. L. (antes de Leia), pero la película se estrenó al mismo tiempo que un eslogan por entonces muy popular: «Una mujer sin un hombre es como un pez sin una bicicleta.» Muchas féminas de todas las edades parecían alegrarse de mi entrada en escena; era una heroína de nuestro tiempo.

Me convertí en algo sobre lo que mujeres y hombres podían ponerse de acuerdo. No les gustaba de la misma manera, pero sí con la misma intensidad, y además no les importaba que también le interesara al sexo opuesto. ¿Verdad que es raro? Pensad en ello un momento. Y luego deteneos y considerad algo igual de importante.

Lo siento, pero ¿te importaría usar un lapicero de plata? Genial, gracias. Y espera un momento; allí no, ¿tal vez en ese espacio junto a tu cabeza? Gracias. ¿Podrías escribir el nombre del personaje justo debajo del tuyo? ¿PLO? ¿Qué significa? ¿Algo relacionado con Palestina? Oh, ya lo entiendo. Princesa Leia Organa. Muy gracioso, pero ¿podrías también escribir Leia, como entre paréntesis o algo así? Gracias.

»¡Es fantástico! Ya los tengo a casi todos... aunque me falta Harrison. Sí, correcto, es improbable, pero no hay que perder la esperanza, ¿verdad? Al principio no creía que conseguiría a Mark, porque él no firmaba autógrafos, y entonces de repente dijeron que iría a esa convención en San Diego. No podía creerlo... Pensé que me desmayaría. No del todo, pero ya sabes: estaba como mareada y atontada.

»Supongo que a estas alturas habrás notado que soy una especie de fanática. Sin embargo, incluso mientras lo digo, no me considero una loca. *Star Wars* me produce una sensación de... continuidad, ¿sabes? Algo como: estaba allí, aún está allí y se quedará allí. Sobre todo ahora, que se estrenará la nueva película. Cuando anunciaron que habría una nueva entrega, yo solo... ¡Dios! ¿Sabes? Los sueños pueden hacerse realidad. Por eso creo que conseguiré el autógrafo de Harrison. Sí, claro, es improbable, pero ¿quién creía que realmente rodarían el *Episodio VII* y que vosotros actuaríais en la película? Un montón de gente lo hubiera tomado por una locura, pero yo no, porque yo creo en ella. No como una creencia religiosa, eso sería esquizofrénico, pero tampoco lo contrario. Contiene el bien y el mal, al igual que una religión, y milagros y sacerdotes y diablos...

»Para mí lo importante de *Star Wars* son los personajes. Me parecen tan reales, como si pudiera conocerlos si me los encuentro. Como ahora, que hablo contigo. Siempre supe que un día hablaría contigo, no sé cómo pero lo sabía. La primera vez que te vi en *Episodio IV: Una nueva esperanza* (¿cuándo empezaron a llamarla así, cuándo dejó de ser *La guerra de las galaxias*?) era como si me sonaras de antes. No de *Shampoo*, era demasiado joven para verla, pero me resultabas tan familiar... No de un modo extraño, pero conocida como... como si fueras de la familia.

»¡Ves, son esas cosas! Detalles que creías no saber, como si nunca los hubieras conocido. Eso es lo que sentí con *Star Wars* y con todos los que actuabais en la saga: que erais mi familia. Tu rama de la familia era más especial que mi verdadera familia, desde luego, pero como tú eres extraordinaria, a lo mejor un día yo también podría serlo, e incluso si no lo fuera, estaba emparentada con alguien impresionante: contigo.

»Me veía a mí misma en ti y por eso puedo estar aquí, hablando contigo, y también por eso enseguida dejé de estar nerviosa. Porque..., bueno, acabo de decirte por qué. Por la Fuerza. Porque te atraviesa y te rodea y penetra en la persona que está ante ti. Es como eso que solía decir mi madre: "Saludo la luz divina en ti." Eso es la Fuerza para mí. Saludo la luz de la Fuerza dentro y fuera de ti, la luz que brilla y se aleja del lado oscuro. Sea lo que sea la voluntad de la Fuerza, es la mía. Cumplo con su voluntad. Hágase su voluntad, no la mía. Dame la sabiduría de la Fuerza omnisciente, dame el poder de cumplir con la voluntad de la Fuerza. Agradezco a la Fuerza por darme la luz que me ilumina con sus poderosos rayos, atravesándome hasta el infinito. Que esta fuerza nos acompañe a todos.

»Lo siento, sé que debo parecer una chiflada (para algunos lo parezco, pero no para otros). Pero veo esa luz en ti, la luz de la Fuerza que nos une y nos sujeta para que lleguemos hasta el próximo lugar, el que nos aguarda, y esa espera es la que muchos de nosotros llamamos seguridad. Siento cómo la Fuerza se apodera de mi voluntad y la desplaza lenta y eternamente, me transporta de un modo deslumbrante hasta la próxima cosa o cosas.

»Y una de esas cosas es el *Episodio VII*. Formo parte de él, al igual que él forma parte de mí. Lo he estado esperando durante muchísimo tiempo. Esas precuelas no eran *La guerra de las galaxias*. ¡Jar Jar Binks, por Dios! Pero el *Episodio VII* es el epítome de la saga. Cumplo con su voluntad y confío en sus órdenes. Palpito con cada latido de la Fuerza. Su poder es el mío.

»Lo siento, no tenía la intención de hablar tanto. Ocurre cuando me emociono y... ¿cuándo no? Bueno, lo estoy, quiero decir que al principio lo estaba, pero por algún motivo me siento cómoda contigo. Lo extraño es que muchos de mis amigos dicen que me parezco a ti. No, ya lo sé, tú no eres rubia, pero nuestros ojos son del mismo color... sí, castaños. ¿No? Creí que lo eran... qué raro. Tal vez te estoy confundiendo con tu madre. Leí que los de ella eran verdes, pero en muchas fotos parecen castaños. ¿Sabías que solo los hombres pueden ser daltónicos? Yo tampoco.

»Verás, son esas cosas. Casi todas las personas

que conozco lo sabían, pero yo no, ¡y resulta que
tú tampoco! Coges un montón de pequeños detalles y cuadran, quizá por eso a mis amigos les recuerdo a ti. ¡Cuando estabas gorda yo también lo
estaba! Y entonces tuvimos que perder peso, ¿no?
No, Disney no me mandó un entrenador; supongo que solo estaban preocupados por ti, no necesitaban que todas las que se parecían a ti también adel-
gazaran ¿También sufriste una prediabetes? ¿No?
Tal vez aún la sufras... No es que lo quiera, claro,
solo sería una cosa más en la que podríamos pare-
cernos.

»Para mí lo más importante fue que intenté convertirme en abogada debido a ti. No, al final no lo
logré pero en aquel entonces pensé: "Si la princesa
Leia puede hacer tantas cosas, ¿por qué yo no puedo asistir a la Facultad de Derecho?" Tenía que hacer algo equivalente a cuando le gritaste a Luke y a
Han: "¡Guardad eso o haréis que nos maten a todos!"

»Lo siento, no quería gritar; solo intentaba decirlo como tú. Sí, lo hice, ¿no? Grité tanto como tú.
¿Resultó agradable cuando lo hiciste? Pues entonces, perfecto. Esa es otra cosa más. Ambas hicimos
dieta, ninguna es daltónica y nos gusta gritar. Ves, al
final hay bastantes cosas que cuadran y... correcto:
las chicas no son daltónicas, pero no importa, porque nosotras somos chicas.

»¡Y ambas tenemos un perro llamado *Gary*! ¿Ah,
no? Creí que ya te lo había dicho. ¡Yo también ten-

go un perro llamado *Gary*! ¿Cuándo? No lo sé exactamente, pero casi cuando tú te hiciste con tu *Gary*. Tal vez un poco después, pero no sabía que tuvieras un perro llamado *Gary* cuando conseguí el mío. O al menos no conscientemente. No lo colgaste en Twitter, ¿verdad? Creo que no. Lo único que sé es que un día sentí el impulso de comprar un perro. Había estado muy enferma de bronquitis, tenía fiebre alta y por eso tenía esos sueños tan vívidos, y en uno de ellos estaba contigo y ambas teníamos un bulldog francés llamado *Gary*. Lo extraño es que no creo que nunca hubiera oído hablar de esa raza. En fin, soñé que teníamos ese bulldog negro y después mi padre me lo compró. ¡Increíble! Muchos creyeron que te había copiado, como siempre. Pero ¿cómo podría haberlo hecho cuando fue mi padre quien me lo compró, basándose en un sueño que apenas logro recordar?

»Así que esa es otra cosa más. Tendrás que admitir que es un tanto inquietante, ¿no? Nos parecemos, tenemos el mismo perro, casi el mismo color de pelo y casi los mismos problemas de peso. No negarás que todo empieza a cuadrar... Alguien podría decir que es una coincidencia, pero aunque lo fuera, es una coincidencia increíble.

»¡Por cierto! ¿Y si apareáramos a nuestros *Gary*? El mío es una perra, así que podría funcionar. ¡Sería fantástico! Es decir, el resultado perfecto de todo este bucle asombroso. ¿Lo está? Bueno, esas cosas se pueden deshacer, ¿no? ¿No? ¿No se puede descastrar un perro? ¡Pero si de verdad crees que él puede, entonces puede! Podríamos emplear la Fuerza para descastrarlo y entonces tendríamos cachorros para vender en Twitter. O no venderlos, pero anunciar el milagro. El segundo Advenimiento... El apareamiento de *Gary*, del *Gary* macho y el *Gary* hembra. ¡Adelante con los bebés bulldog!

En algún sitio leí que alguien protestaba por las sumas que las celebridades cobran por firmar autógrafos en esos eventos. Y en nuestra defensa alguien dijo: «Bueno, puede que ahora cueste eso, pero cuando ella muera valdrá mucho dinero.» Así que mi muerte tiene un valor para algunos. Si hubiera firmado una cantidad suficiente de fotografías, alguien podría poner precio a mi cabeza.

Por supuesto que también firmo autógrafos gratis. Por ejemplo, en las proyecciones, cuando los cazadores de autógrafos profesionales te siguen por todas partes, rebuznando y pisándote los talones, agitando fotos bajo tus narices hasta que aparece alguien cuya firma es más valiosa (o alguien más actual), momento en el cual te abandonan hasta que esa estrella se escapa en un coche o tras una puerta, y entonces regresan apresuradamente a ti.

—¡Por favor, señorita Fisher, he volado hasta aquí desde Newfoundland!

—¡Por favor, señorita Fisher! He estado enamorado de usted desde que era un niño... —Dicho por un hombre de unos sesenta años.

—El 11-S faltó poco para que estuviera allí, señorita Fisher.

Bueno... esta persona podría haber muerto, piensas. ¿Dónde firmo? Pero, entonces, reflexionas un segundo. ¿Qué significa eso en realidad? ¿Que se encontraba en el World Trade Center, pero de algún modo consiguió escapar? ¿Estaba en el centro de la ciudad, atascada en el metro, cuando el primer avión chocó contra una torre? ¿La entrevistaron para un empleo en la empresa Cantor Fitzgerald, pero no la contrataron? ¿Trabajaba allí, pero esa mañana no oyó el despertador y por eso no estaba ante su escritorio cuando...? Etcétera, etcétera, etcétera.

Pero ¿puedo hacerle esas preguntas? Y, sobre todo, ¿quiero hacérselas? ¿Quiero ser la persona que cuestiona la validez del relato sobre el roce de alguien con la tragedia, solo porque preferiría no firmar su póster? Pero si es mentira, si esa mujer inventó esa historia para asegurarse de que yo firmaría no uno sino cuatro pósters, diablos... ¿y por qué no cinco? Y ya que estamos, ¿por qué no firmar once pósters?

Por lo tanto, si no es verdad y ella inventó una historia en la que se salvaba por los pelos de un lugar aterrador cuando en realidad estaba en casa, como todos los imbéciles pegados a la tele, entonces acaba de ganar el premio al fan más dispuesto a mentir sobre su vínculo con una de las tragedias más sagradas que han sucedido en este planeta y arriesgarse a acabar en el infierno por obtener una firma de ciencia ficción.

No. Es imposible. Será mejor no pensar en ello.

Sensación adyacente

Fui al Museo de Madame Tussauds a ver mi figura de cera. Bueno, en realidad no soy yo, porque no es la de alguien tendida en la cama viendo viejas películas en la tele, bebiendo una Coca-Cola con una mano y apartando la lengua de su perro *Gary* con la otra. La figura es la de mi yo como princesa Leia.

No es que sea una gran fan de mi rostro, pero es el mío, qué remedio. Cuando era joven mi rostro no me gustaba, y ahora que está derretido lo recuerdo con cariño. La gente me manda fotos de mi rostro juvenil, y muchas son de antes de derretirse. Parezco enfadada, agitada, frustrada. Es un rostro tenso, que transmite frustración.

No obstante, varias de mis expresiones reflejan una gran felicidad. En algunas es muy probable que estuviera colocada, pero sonrío de oreja a oreja, tal vez porque estaba contemplando embobada a algún tío, tanto dentro como fuera de la pantalla, o a veces simultáneamente.

¿Qué expresión decidió Madame Tussauds insuflar a mi cara embalsamada? Una Leia/yo impasible. Con la vista estoicamente fija en el futuro y Jabba el Hutt soltando suaves risitas a mis espaldas: ¿Por qué no iba a soltar risitas? ¿Por qué habría de preocuparse? Por su peso, no, eso seguro. Tiene huesos grandes, o no, tal vez no tenga huesos en absoluto. Tonificarse un poco le vendría bien, pero ¿para qué tomarse la molestia? Me tiene a mí como esclava, impasible y sudada, y a esa fastidiosa ratita travestida para divertirlo. Una idílica vida a la que Leia y yo planeamos poner fin muy pronto. Pero da igual lo que planeemos, porque ahora estamos eternamente atrapadas en ámbar invisible, muy quietas para que puedan fotografiarnos junto a todos, si estamos de humor.

No obstante, lo primero que notas en la Leia de cera es que estoy casi desnuda.

Cuando te acercas a mi doble, puede que parezca sudada y con la piel un poco grasa, así que no te aproximes si eso te molesta. Quizá no tenga un «lunar» en la parte baja de la espalda, pero yo tampoco lo tendría si pudiera evitarlo. Quizá mi yo de cera pueda hacerse cargo cuando mi yo de carne ya no esté en condiciones de hacerlo. Pero mi yo de cera se vería obligado a hacer cualquier cosa en ese maldito bikini.

Todos los demás llevaban sus trajes normales, los de *La guerra de las galaxias*. Yo tuve que ponerme el bikini que Jabba escogió para mí en *El imperio contraataca*. Jabba el Hutt, diseñador de alta costura. Jabba el Hutt, el Coco Chanel de la moda intergaláctica, creador de tendencias, el líder de la moda femenina de este mundo, en su planeta y en el próximo. Mi yo de cera estaría eternamente vestido por el forajido Jabba. Tanto de cera como de carne, yo siempre tendría cara de piedra.

Para vez he hablado de Leia en detalle... al menos adrede. No dejan de preguntarme sobre ella: cómo está, cuáles son sus planes para los *Episodios VIII* y *IX*. ¿Cómo van las cosas con Harrison? ¿Se encuentra mejor tras estrellarse con su caza espacial... o el avión (o nave) espacial que pilotaba ese día? ¿Por qué no estabas con él? Apuesto a que te alegraste de haberte quedado en casa. No lo dejarás volar durante un tiempo, ¿verdad? Debe de haber sido aterrador, pero él siempre ha sido un temerario, ¿no? Por eso hacéis tan buena pareja, eres una de las escasas personas que no le aguanta todas esas chorradas.

Resulta que ella, Leia, me importa. Por desgracia. A veces siento que preferiría preocuparme por... casi cualquier cosa. Pero he pasado la mayor parte de mi vida —desde los diecinueve hasta los cuarenta— en el presente y siendo tanto yo misma como la princesa Leia. Contestando preguntas sobre ella, defendiéndola, hartándome de que me confundan con ella, eclipsada por ella, luchando con el resentimiento que despierta en mí, apropiándome de ella, encontrándome a mí misma, acompañándola, amándola... y deseando que por fin se largue y me deje ser yo misma. Pero entonces me pregunto quién sería yo sin Leia y descubro cuánto me enorgullezco de ella, hasta tal punto que procuro no hacer nada que pueda desaprobar; me siento honrada de ser su representante en la Tierra, su cuidadora, e intento representarla lo mejor que puedo, imaginando cómo se sentiría, haciendo todo lo posible por merecer la actuación, y después sintiéndome más que ridícula y deseando que todo se desvanezca y me deje ser quien era hace décadas.

¡Fuera quien fuese antes de que Leia me eclipsara y me enfadara, cuando otros trataban de poner palabras en su boca sin haberme consultado primero! ¿Es que solo podía decidir todo lo relacionado con Leia entre secuelas? ¿Que cuando la cámara se enciende me dan un guion que debo memorizar?

¿Quién sería yo sin la princesa Leia? ¿Una perfecta desconocida a la que ningún fan enviaría cartas? ¿Alguien que no necesitaría defender su derecho a no estar guapa en bikini a los cuarenta y cinco años? ¿Alguien sin un pelo desastroso al que recordar con nostalgia? ¿Alguien que ya no pasa las noches retorciéndose en la cama, deseando no haber hablado con ese horroroso acento británico, tipo Dick Van Dyke, mientras charlaba intensamente con un hombre enmascarado que resultaría ser mi padre (a pesar de haber ido a un dentista pésimo, quien me hizo una endodoncia sin novocaína como forma de tortura)? Si sabía que era mi padre, ¿por qué haría algo así? ¡A menos que fuera para mostrarme lo bueno que era mi padre, el de la vida real! En ese caso, ¡menuda perspectiva asombrosa (aunque proporcionada de un modo potencialmente mortal) me brindó!

Por desgracia, dicha perspectiva me llegó demasiado tarde en la vida como para aprovecharla. Puede que lo hiciera para desafiarme (u obligarme) a que me sirviera. ¡Lo hizo porque confiaba en que yo tendría la fuerza suficiente para aplicar esa perspicacia! Dios nunca nos da más de lo que podemos aguantar, así que si Él te da mucho, tómalo como un cumplido: supongo que ya me entendéis.

¿Qué sería yo sin la princesa Leia? Nunca me habría convertido en una celebridad que hace un *lap dance*, ni sería considerada una actriz seria, y tampoco habría usado el término «pastor de nerfs» sin comprenderlo. No habría conocido a Alec Guinness ni habría sido un holograma que recita un discurso (que recordaré toda mi vida hasta volverme loca porque tuve que repetirlo muchas veces), no habría disparado una pistola ni recibido un disparo, y tampoco habría dejado de llevar ropa interior por estar en el espacio.

Jamás habría estado demasiado sobreexpuesta (lloro mientras escribo esto). Ni mis fans adolescentes masculinos habrían pensado en mí cuatro veces al día en la intimidad; nunca habría tenido que perder muchos kilos, ni habría visto mi rostro aumentado a un tamaño de muchos metros de altura, mucho después de que eso fuese una buena idea. Y nunca habría recibido un cuarto de punto de los ingresos brutos de la película.

Nunca habría tenido la Fuerza o un hermano mellizo, ni habría sido amiga de un gran mono..., bueno, no un mono, tal vez una criatura peluda temperamental y ruidosa. Nunca me habrían preguntado si creía que me convertiría en objeto por haber lucido un bikini dorado encima de una babosa cruel y gigantesca, mientras los demás charlaban alegremente. Nunca me habría encontrado en un aeropuerto ni oído a alguien gritando «¡Princesa!», como si ese fuera mi verdadero nombre, permitiéndome y obligándome a volverme y responder «¿Sí?» en tono amable. Nunca hubiese visto cómo todo mi planeta estallaba ante mi vista (incluidos mi madre y toda mi colección de discos) mientras contemplaba una pequeña pizarra con un círculo en el centro; nunca habría hablado con robots ni con criaturas diminutas parecidas a osos, a los que después alimentaría con tentempiés. Nunca me habrían preguntado: «¿Quién

crees que habrías sido si no hubieras sido una princesa intergaláctica?»
Sería yo.
Ya lo sabéis. Carrie.
Solo yo.

Agradecimientos

Quisiera agradecer a Paul Slansky, pero no hay palabras; sin embargo, hay un par de expresiones faciales: de preocupación, algo que tú aboliste, y de alivio dichoso, que tú causaste. No meras palabras: hay miles de estas, de oraciones y párrafos repletos de palabras. Manipulamos esas palabras con suavidad hasta que empecé a chillar, y lenta y por fin alegremente este manuscrito fue redimido. Cada vez que me vuelvo introspectiva suelo encontrarme contigo.

A Billie, por resultar mejor de lo que yo jamás podría merecer o imaginar. Pero contrata una asistenta, por favor. Las Vegas siempre estará allí.

A mi madre, por ser demasiado testaruda y considerada como para morir. Te quiero, pero todo ese asunto de las urgencias y de que casi mueres no tuvo gracia. Ni se te ocurra volver a hacerlo.

A Corby, por ser el mejor asistente y compañero de viaje que podía tener, trabajando hasta altas horas y

ayudándome a que este libro fuese el mejor posible.
Hiciste mucho más que compensar a quienes te ante-
cedieron.

A David Rosenthal, por su ayuda con el texto, etcétera, y por las patadas en el trasero para terminar el libro y publicarlo, como si fuese comida rápida. Sí, eres
bueno para los judíos.

Al señor y la señora Stephen Fry, Beverly D'Ange-
lo, Caren Sage, Ben Dey, Simon Green, Helen Fiel-
ding, Buck e Irene Henry, Clancy Imislund por la es-
tructura y la paciencia. A Dave Mirkin, Bill Reynolds,
Melissa North Chassay y familia, Gloria Crayton,
Byron Lane y Donald Light por salvar la vida de mi
madre y protegerla de demonios y prostitutas. A Fred
Clayton por hacer que la vida siga siendo excitante y
por ser puntual en todo. A Seamus Lyte, Fred Bim-
bler, Michael Gonzalez, Gayle Rich e hijos, Gilbert
Herrera, Bryan Lourd por su ADN. A Paul Allen,
Maritza García, Roy Teeluck, al señor y la señora Ru-
fus Wainwright y a Connie Freiberg por encontrar todas esas viejas poesías y por conocerme de toda la vida
sin que les importara. Al señor y la señora James Blunt
e hijo, y Blanca *Bubbles* McCoin por ser tan buena esposa para cómo-se-llame-ese. A Graham Norton por
saber guardar secretos. A J. D. Souther, Charlie Wess-
ler, Griffin Dunne, Gavin de Becker, Bruce Cohen,
Kathleen Kennedy, Dennis King, Sean Lennon, Cyn-
thia Martyn Giles, Cindy Sayre, Ruby Wax y familia,
Ben Stevens, Azar, Michael Rosenbaum, Art, el doc-
tor Mike Gould, Edgar Philips senior y junior, Anna-
belle Karouby, François Ravard, Kenny Baker, Katie

agradecimientos

Zaborsky, Timothy Hoffman, Penny Marshall, Michael Tolkin, Wendy Mogel, Nicole Perez-Krueger, Carol Marshall, Peter Mayhew, May Quigley, Ed Begley junior, Salman, Meddy, David Bathe, Johnny McKeown, Tony Daniels, NO a Bruce Wagner, Sheila Nevins, Fisher Stevens, Alexis Bloom, Nina Jacobsen, Joely y Tricia Fisha, Todd y Cat Fisher y J. J. Abrams por aguantarme dos veces, y también a *Gary*.

Y
a Melissa Mathison.
Te quiero y te echo de menos.

Créditos de las fotos

Leia, 1976.

Foto por cortesía de Lucasfilm Ltd. LLC. STAR WARS: Episodio IV - Una nueva esperanza ™ & © Lucasfilm Ltd. LLC.

Entre tomas: Harrison Ford, Mark Hamill y Carrie Fisher en el plató de la primera película de *Star Wars*.

Foto por cortesía de Lucasfilm Ltd. LLC. STAR WARS: Episodio IV - Una nueva esperanza ™ & © Lucasfilm Ltd. LLC.

créditos de las fotos

Carrie Fisher sentada en el hombro de Warren Beatty durante el rodaje de *Shampoo*.

Foto por cortesía de Getty Images/ Bettmann

Carrie Fisher descubierta por un *paparazzi* delante del restaurante Chasen's de Beverly Hills.

Foto por cortesía de Getty Images/ Ron Galella

Harrison Ford charla con Carrie Fisher durante una pausa del rodaje del especial televisivo de la CBS *The Star Wars Holiday*.

Foto por cortesía de AP Photo/ George Brich

créditos de las fotos

Un retrato publicitario de
*STAR WARS: Episodio IV -
Una nueva esperanza.*

Foto por cortesía de la autora

Páginas de los diarios
manuscritos de Carrie.

*Fotos por cortesía de
Paul Mocey-Hanton*

La princesa, el contrabandista
y un reparto de miles.

*Foto por cortesía de Lucasfilm
Ltd. LLC. STAR WARS:
Episodio IV - Una nueva
esperanza ™ & © Lucasfilm
Ltd. LLC.*

créditos de las fotos

Mark Hamill, Carrie Fisher y Harrison Ford tomando algo durante su primera gira publicitaria.

Foto por cortesía de Getty Images/Steve Larson

Figuras *vintage* de la época de *Star Wars*, producidas por Kenner Products.

Carrie Fisher, *Gary Fisher* y la princesa Leia de cera en el Museo de Madame Tussauds, Londres, mayo de 2016.

Foto por cortesía de Ben Queenborough/REX/ Shutterstock

Foto por cortesía de Lucasfilm Ltd. LLC. STAR WARS: Episodio IV - Una nueva esperanza ™ & © Lucasfilm Ltd. LLC.

I have filled
unobtainable,
attractive and
company.
someone to
enjoy. I
ence, imag
fering me
am mer
for not
m brighter
feel I have

I was knee d
I couldn't let
Then jus
When
When
I met

In the
It can all
At the

me one of the
lling the shots
a first name
household word